HISTORIAS DE LA CIENCIA

CÓDIGOS Y COMPUTADORAS

LISA REGAN

el gato de hojalata

Dirección editorial: María José Pingray
Edición y diagramación: Jesica Ozarow
Traducción: Evangelina Livoti
Corrección: Pamela Pulcinella
Producción Industrial: Aníbal Álvarez Etinger

Anónimo
    Códigos y computadoras / coordinación general de María José
Pingray; editado por Jesica Ozarow. - 1a ed. - Ciudad Autónoma
de Buenos Aires: El Gato de Hojalata, 2021.
    20 p.; 41 x 29 cm.
    ISBN 978-987-751-931-0
1. Libro de Entretenimiento para Niños. I. Pingray, María José,
coord. II. Ozarow, Jesica, ed. III. Título.
    CDD 793.2054

CONTENIDOS

Introducción 4
Línea de tiempo de la informática 6
Datos curiosos 8

CAPÍTULO 1:
Los comienzos 9

CAPÍTULO 2:
Grandes computadoras 37

CAPÍTULO 3:
Un asunto personal 59

CAPÍTULO 4:
Conectándonos 77

CAPÍTULO 5:
La tecnología en la actualidad 93

Glosario 126
Índice 127

INTRODUCCIÓN

Si las computadoras no existieran, tampoco este libro y, por lo tanto, no tendríamos una «historia de las computadoras» que contar, pero esto es solo el comienzo. Para crear este libro, se usaron muchas computadoras en distintos lugares, por ejemplo, en sus inicios, este proyecto se planificó en una reunión virtual por videoconferencia. Luego, el borrador se tipeó en una computadora, con un procesador de textos, mientras que las páginas se diagramaron con un programa de diseño. En cuanto a las ilustraciones, fueron creadas en una tableta con un lápiz digital, y luego se enviaron al diseñador mediante un sistema de transferencia de archivos. Una vez listo, este libro viajó por la Internet y llegó a los editores para ser revisado, a los indexadores para ser indexado y al departamento de producción para buscar una imprenta.

En la etapa final, el documento llegó a la imprenta en forma de archivo digital, donde se imprimió en grandes máquinas. Luego, increíbles grúas robóticas, manejadas por un sistema complejo de programación, cargaron estas maravillosas copias impresas en enormes barcos, con la precisión necesaria para que cada una de ellas viajara en el lugar correcto. Así, los libros atravesaron los océanos hasta los destinos correctos, gracias a la tecnología informática y la logística digital, que coordinaron las entregas a librerías, supermercados y tiendas, incluso hasta la biblioteca de tu hogar… ¡y eso solo fue una versión muy simplificada de cómo se creó este libro!

Entonces... ¿de qué se trata programar?

Ninguna de las computadoras que se utilizaron para la producción de este libro podría haber funcionado sin estar programada. La programación le da a cada computadora instrucciones precisas sobre qué hacer y en qué orden. Los programadores crean las instrucciones en un lenguaje que la computadora puede comprender y traducir, por ejemplo, en una imagen, una página web, un brazo robótico moviéndose hacia la izquierda o en el cambio de luces de un semáforo.

¿Y qué es una computadora?

Te sorprenderás al descubrir en este libro algunas de las operaciones que realizan estas máquinas. Si bien es fácil imaginar una computadora personal como las que utilizamos a diario (PC), estas no solo están en nuestro escritorio, sino en todas partes, desde detrás de la pantalla que utilizamos para pedir comida rápida hasta en el microprocesador de una lavadora. Ellas se encargan de tareas muy diversas, como procesar nuestras transacciones bancarias, diagnosticar enfermedades, lanzar personas al espacio, guiar cosechadoras a través de los campos y contactarnos con personas que están a miles de kilómetros de distancia. Gracias a los avances tecnológicos más recientes, las computadoras pueden realizar más tareas, como conducir un automóvil, imprimir partes del cuerpo e, incluso, pronosticar el tiempo meteorológico.

La informática a través del tiempo

Hace menos de cien años, una computadora era algo (una máquina o una persona) que podía hacer cálculos. Sin embargo, con el tiempo, los grandes pensadores de este mundo descubrieron que una computadora podía hacer mucho más que eso, y entonces inventaron máquinas capaces de realizar múltiples tareas. Como estas debían programarse para poder realizar operaciones distintas, surgió el trabajo de los programadores, que las codificaban para realizar desde las tareas más simples a las más complejas.

LÍNEA DE TIEMPO DE LA INFORMÁTICA

Descubre cuánto ha avanzado la tecnología desde las primeras computadoras.

1804
Joseph Marie Jacquard inventa una máquina que se conecta a un telar y usa tarjetas perforadas impresas para «programar» patrones que luego eran tejidos en la tela.

1843
Ada Lovelace publica el primer algoritmo informático.

1880
Herman Hollerith diseña un sistema de tarjetas perforadas para el censo de 1890.

1936
Alan Turing presenta la máquina de Turing.

1938
Creación de Z1, la primera computadora mecánica.

1945
Creación de ENIAC, la primera computadora que podía programarse.

1947
Los laboratorios Bell inventan el transistor.

1954
IBM realiza la primera producción en masa de las computadoras comerciales.

1958
Jack Kilby inventa el microchip.

1963
Bob Bemer desarrolla el código ASCII.

1964
Douglas Engelbart inventa el *mouse* (ratón).

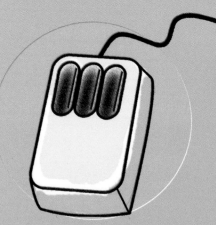

1965
Se envía el primer mensaje de correo electrónico.

1971
Los primeros equipos de PC salen a la venta.

1972
Alcorn diseña el juego *Pong*.

1975
Gates y Allen crean la compañía Microsoft.

1976
Jobs y Wozniak crean la compañía Apple.

1981
Wilson desarrolla el sistema de programación BBC Basic para las escuelas.

1985
Lanzamiento del sistema Windows.

1989
Nintendo lanza el Game Boy portátil al mercado.

1990
Aparece el primer sitio web en línea.

1992
IBM desarrolla el primer *smartphone* (teléfono inteligente), llamado Simon.

1993
Los microprocesadores Pentium se lanzan al mercado.

1995
Se estrena *Toy Story*, el primer largometraje con efectos 3D computarizados (CGI).

1998
Page y Brin crean Google.

2004
Zuckerberg lanza Facebook.

2005
Se crea YouTube.

2006
Fundación de Twitter.

2007
Sale al mercado la primera generación de iPhone.

2010
Apple presenta el iPad.

2013
Los teléfonos móviles comienzan a funcionar con el sistema Touch ID, de reconocimiento de huellas dactilares.

2016
Pokémon Go se convierte en un éxito mundial.

2017
Simmons funda la primera compañía de informática cuántica.

2018
Boston Dynamics presenta los prototipos de robots Atlas y Spot Mini.

2019
Sale al mercado el *smartphone* flexible.

2020
Lanzamiento comercial del nuevo sistema de inteligencia artificial GP-3.

Un gran salto a la transformación digital y crecimiento extraordinario de la plataforma de teletrabajo.

DATOS CURIOSOS

Las computadoras más pequeñas que existen tienen el tamaño de... ¡la punta de un grano de arroz! Existen dos computadoras minúsculas desarrolladas por IBM y la Universidad de Michigan, que podrían inyectarse en el cuerpo para realizar investigaciones médicas.

En 2020, se usó la supercomputadora más rápida del mundo para simular la propagación del virus de COVID-19. Esta supercomputadora, llamada *Fugaku* y creada en Japón, está valuada en mil millones de dólares y tiene la capacidad de procesar información casi tres veces más rápido que su predecesora, la anterior supercomputadora más rápida.

Minecraft es el videojuego mejor vendido de todos los tiempos, con 200 millones de copias vendidas durante los primeros diez años. Este juego fue creado por Markus Persson y fue programado en solo seis días.

La primera computadora con *mouse* que se vendió en masa en el mercado fue la Apple Lisa, llamada igual que la hija de Steve Jobs. Esta computadora costaba, al principio, 9995 dólares.

Con los filtros de Snapchat, puedes lucir flores virtuales en tu cabello, sacarte una *selfie* con orejas y nariz de perro y vomitar arcoíris. A pesar de haber sido uno de los filtros más populares, el vómito de arcoíris dejó de existir en la aplicación en 2017. Según Snapchat, cada día se crean más de 210 millones de *snaps*.

El sistema SAGE (operador ambiental semiautomático, por sus siglas en inglés) se considera la computadora de mayor tamaño del mundo. Fue construida en los años cincuenta en los Estados Unidos. Está constituida por veinte edificios de cemento, cada uno de los cuales ocupaba la superficie de una cancha de fútbol. Se creó con el propósito de expandir la defensa aérea de los Estados Unidos durante la Guerra Fría.

Cada año, se envían alrededor de 200 mil millones de tuits, lo que equivale a 350 mil *tuits* por minuto. El primer mensaje de Twitter fue enviado por su creador, Jack Dorsey, quien escribió: «Solo estoy configurando mi twttr».

CAPÍTULO 1

LOS COMIENZOS

Las primeras máquinas computadoras fueron diseñadas para hacer cálculos matemáticos con mayor rapidez y precisión. Luego, los pioneros de la informática comenzaron a programar las computadoras para realizar otras tareas de utilidad, desde procesar los resultados de un censo hasta descifrar códigos secretos durante la guerra. Estas ideas innovadoras fueron las que impulsaron el surgimiento de la nueva era de las computadoras.

AEC - ANTES DE LA ERA DE LAS COMPUTADORAS

¿Te imaginas la vida sin computadoras? No solo sin la que tienes en tu escritorio o escuela, sino también sin *smartphones*, tabletas, consolas de videojuegos y todos los dispositivos que hacen nuestra vida más fácil y usamos para realizar acciones simples, como ordenar comida y, además, para resolver tareas más complejas, como controlar las señales de tránsito. Sin embargo, hubo un tiempo, no muy lejano, en el que las computadoras simplemente no existían, ¿cómo hacían las personas para vivir sin ellas?

Calculadoras humanas

Aunque hoy las computadoras agilizan y facilitan todo tipo de procesos, en el pasado solo ayudaban a sumar y restar. «Computar» era hacer cálculos científicos y predicciones usando lápiz, papel y el cerebro humano. Así, se contrataba a personas inteligentes, capaces de descifrar cálculos extensos y complejos, como la posición de los planetas y otros objetos en el espacio. Una de esas personas fue María Mitchell (1818-1889), la primera mujer astrónoma profesional, quien comenzó haciendo cálculos de navegación para los marinos y, luego, se dedicó durante años a calcular el movimiento de Venus.

Las herramientas del oficio

El ábaco fue la primera herramienta que se usó para sumar y restar, o la primera calculadora. La palabra *calcular* proviene del latín y quiere decir «piedra pequeña». Los primeros ábacos consistían en piedras o frijoles que se movían en surcos en la arena, mientras que otros más modernos tenían bolas pequeñas en un marco de madera. Estas primeras calculadoras no sumaban solas, sino que les permitían a las personas llevar la cuenta de los números mientras hacían los cálculos.

UN DESCUBRIMIENTO MECÁNICO

Blaise Pascal fue un inventor y matemático del siglo XVII. Durante su adolescencia, inventó una calculadora para ayudar a su padre, que calculaba impuestos en su trabajo. Esta calculadora, conocida como la Pascalina, era un aparato simple que hacía sumas y restas.

Tiempos de pruebas

La pascalina, construida entre 1642 y 1644, era algo similar a una caja con ruedas y engranajes en su interior conectados entre sí que formaban una cadena de transmisión, de modo que cuando una rueda giraba completamente sobre su eje, hacía avanzar un grado a la siguiente.

Las ruedas representaban el sistema decimal de numeración. Cada rueda constaba de diez pasos, para lo cual estaba convenientemente marcada con números del 9 al 0. El número total de ruedas era ocho, seis ruedas para representar los números enteros y dos más, en el extremo izquierdo, para los decimales.

Pascal encontró varias fallas en este aparato, por lo que hizo 50 prototipos en 10 años.

Una maravilla matemática

Pascal era un niño muy inteligente, y fue educado por su padre, quien también era un matemático talentoso. En un principio, el padre de Pascal no quería enseñarle matemáticas a su hijo, porque pensaba que el niño estaría tan fascinado con esa disciplina que no prestaría atención a las demás. En realidad, esto hizo que el joven Pascal se interesara aún más por las matemáticas y comenzó a estudiar solo. A los dieciséis años ya participaba de reuniones con los pensadores y matemáticos más importantes de París.

UN PASO ADELANTE

Como la calculadora mecánica de Pascal solo podía sumar y restar, se necesitaba una máquina que también fuera capaz de dividir y multiplicar, y eso fue lo que inventó el matemático alemán Gottfried Leibniz en 1671. La máquina consistía en un engranaje llamado «la rueda de Leibniz». Para crear este invento, el matemático hizo dos prototipos, y el que fue descartado se encontró en el ático de una universidad alemana alrededor de 120 años después de la muerte de Leibniz.

Un gran pensador

Leibniz era un visionario en su época y soñaba con construir una máquina que resolviera todo tipo de problemas matemáticos, y estaba convencido de que un dispositivo para calcular podría funcionar con el sistema binario (que utiliza solo los números 0 y 1), como las computadoras actuales. Sin embargo, la máquina de Leibniz funcionaba con el sistema decimal, es decir, con los números 0-9. Este dispositivo consistía en cilindros metálicos dentados que se unían para hacer los cálculos. Desafortunadamente, la máquina funcionaba con piezas muy complejas que debían construirse con extrema precisión, por lo que a veces se atascaban.

Un camino marcado

La máquina de Leibniz fue el primer dispositivo capaz de realizar las cuatro operaciones matemáticas. Además, inspiró a otros a construir una máquina que pudiera dividir y multiplicar automáticamente. Por ejemplo, en 1770, Philipp Matthäus Hahn construyó dos dispositivos que se basaron en las ruedas de Leibniz, mientras que, en 1777, Lord Stanhope también diseñó un dispositivo utilizando esas piezas. Esto nos demuestra que Leibniz logró diseñar un mecanismo único que se convirtió en el punto de partida para varios inventos exitosos que surgieron durante los 275 años siguientes.

LA PRIMERA FUENTE DE INSPIRACIÓN

La idea revolucionaria para la creación de las computadoras programadas modernas tiene un origen impensado: la industria del tejido. Esta actividad se llevaba a cabo a través de un sistema de tarjetas perforadas que le daban instrucciones a un telar automático para que un trabajador habilidoso pudiera producir bellos estampados en la tela a gran velocidad. Este sistema fue creado por el tejedor francés Joseph Marie Jacquard a principios del siglo XIX.

Bajo amenaza

El telar de Jacquard fue la primera máquina que podía programarse para reproducir de manera automática diseños complejos siguiendo las numerosas hileras de perforaciones en las tarjetas, que podían agruparse en una larga cadena, para que el diseño no se viera limitado por su tamaño. Sin embargo, este telar tenía varios enemigos, ya que la gente pensaba que le quitaría sus trabajos, lo que finalmente los llevó a destruirlo y a atacar a su inventor. Tiempo después, el emperador francés Napoleón Bonaparte intervino para que Jacquard pudiera desarrollar y perfeccionar su invento.

Una idea brillante

El sistema de tarjetas perforadas para programar se aplicó en otros dispositivos. Por ejemplo, fue empleado por siglos en máquinas musicales y órganos mecánicos, de manera tal que las perforaciones en las tarjetas indicaban qué notas debían tocarse para producir una melodía perfecta sin la intervención de un organista. Además, este método también se empleó en máquinas registradoras y calculadoras, e impulsó la creación de los primeros «motores» reales de cálculo automático, diseñados por Charles Babbage (ver página 14).

UN PAR DE MOTORES

El inglés Charles Babbage (1791-1871) se conoce como el inventor de las primeras máquinas de computación automáticas, a pesar de que, en realidad, nunca logró construirlas. Si bien su propósito era diseñar una calculadora mecánica que resolviera las funciones matemáticas de manera mucho más precisa que los humanos, sus ideas nunca pudieron concretarse debido a varios inconvenientes en la ingeniería y las finanzas.

Demasiado complicado

El primer diseño de Babbage se conoció con el nombre de «máquina diferencial», desarrollada entre 1819 y 1822. Se trataba de una calculadora mecánica que utilizaba el sistema decimal y se accionaba con una manivela. Luego, imprimía los resultados en una tabla. Si bien el gobierno británico financió este proyecto, nunca se concretó, ya que el presupuesto no era suficiente para cubrir las 25.000 piezas construidas con exactitud que la máquina necesitaba para su funcionamiento.

Demasiado tarde

Alrededor de 1832, Babbage tenía un modelo experimental listo, pero tenía otra idea en mente: la creación de la llamada «máquina analítica». Según Babbage, esta máquina, que sería digital (funcionaría solo con números), automática y mecánica, podría realizar varias tareas y estaría controlada por diferentes programas a través de tarjetas perforadas. Además, sería de gran tamaño, funcionaría con vapor y estaría hecha de metal. Sin embargo, Babbage no consiguió los fondos necesarios y murió antes de poder construirla. En realidad, esta máquina fue la primera computadora.

LA HECHICERA DE LOS NÚMEROS

Babbage trabajó junto a una matemática y escritora llamada Ada Lovelace (1815-1852). Lovelace, quien advirtió que las computadoras serían de suma importancia para la vida cotidiana, había asegurado, antes que el mismo Babbage, que la «máquina analítica» sería capaz de resolver varias tareas, además de los cálculos matemáticos. Babbage llamó a Lovelace «la hechicera de los números», debido a su método original para resolver problemas matemáticos.

El equipo perfecto

Cuando Lovelace oyó por primera vez hablar acerca de la máquina de Babbage, a los 17 años, le escribió a este para ofrecerle su ayuda. Enseguida, se hicieron muy buenos amigos y comenzaron a trabajar juntos. Tiempo después, Lovelace tradujo y corrigió la investigación de un ingeniero italiano, Luigi Menabrea, sobre la «máquina analítica». Babbage la incentivó a que agregara sus ideas innovadoras al desarrollo de la máquina en cuanto a su capacidad de procesar los datos y los resultados, además de la información que almacenaba.

La primera programadora

Finalmente, la investigación de Luigi Menabrea fue publicada con las contribuciones de Lovelace anexadas como «notas». Allí, Lovelace detalló un conjunto de instrucciones, o algoritmos, para conseguir que la «máquina analítica» hiciera sumas. Estas instrucciones se conocen como el primer programa computacional del mundo. Además, Lovelace escribió acerca de lo que ella consideraba que la máquina era capaz de hacer si era programada, como componer música o crear arte.

UN PROBLEMA DE POBLACIÓN

Se dice que la necesidad es la madre de la invención y, alrededor de 1880, se necesitaba con urgencia una máquina que pudiera manejar datos con rapidez y eficiencia para calcular los resultados del censo de población del año 1890 en los Estados Unidos. En ese entonces, la población de ese país crecía con rapidez, y se estimaba que obtener los resultados del censo tomaría diez años, lo que significaba que se estarían recolectando los datos del nuevo censo sin que estuvieran disponibles los resultados del anterior.

Por si no lo sabían…

El inventor estadounidense Herman Hollerith encontró la solución al problema del censo. Inspirado en el telar de Jacquard, la computadora con tarjetas perforadas de Hollerith era una especie de máquina tabuladora que grababa estadísticas como una serie de perforaciones. Así, los censistas almacenaban la información con una perforadora y luego la volcaban a una máquina clasificadora. Una vez procesados, los resultados no solo se sumaban, sino que también se almacenaban en la máquina. De esta manera, lo que anteriormente tomaba años se resolvió en meses y se ahorraron cinco millones de dólares.

Nuevos comienzos

Las tarjetas tenían perforaciones que indicaban las respuestas a varias preguntas del censo, como edad, género y estado civil. Así, la ausencia de un orificio indicaba la respuesta opuesta; por ejemplo, si la respuesta «casado» equivalía a un orificio, «soltero» se indicaba sin orificio. Si bien el sistema tenía sus limitaciones, porque las tarjetas solo funcionaban para el censo de 1890, tiempo después, Hollerith lo perfeccionó para los modelos posteriores e implementó un panel que podía configurarse para realizar distintas tareas. Este sistema fue la base de la industria moderna de procesamiento de la información, ya que la compañía de Hollerith se convirtió, con el tiempo, en IBM.

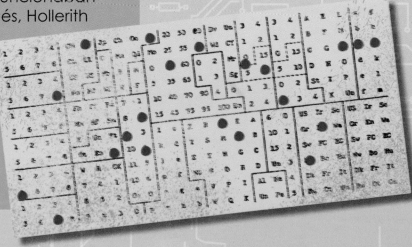

EN BUSCA DE UNA RESPUESTA

¿Dónde buscaban información las personas antes de que existiera Internet y los motores de búsqueda? Se consultaban entre sí o buscaban en material impreso, como libros, enciclopedias y periódicos. A comienzos del siglo XX, mucho antes de la creación de Internet, a un hombre llamado Paul Otlet se le ocurrió crear un sistema de referencia compartido, accesible para todos, que recibió el nombre de «Mundaneum».

Bien informados

Paul Otlet quería crear una «ciudad del conocimiento», documentada en fichas para buscar y compartir información alrededor del mundo. Junto con Henri La Fontaine creó el sistema de Clasificación Decimal Universal (CDU), que dividía el conocimiento en nueve categorías (¡y 70.000 subdivisiones!). Este sistema aún se utiliza en aproximadamente 150.000 bibliotecas en 130 países.

Demasiada información

El Mundaneum era una colección de alrededor de doce millones de fichas y documentos que se encontraban en Bruselas, Bélgica. Otlet trabajó durante casi 50 años recopilando e indexando «cada pieza significativa del pensamiento humano que haya sido publicada o almacenada», y construyó una bibliografía universal de quince millones de libros, revistas, periódicos, fotografías, pósteres y otros. Otlet tenía un equipo (mayormente conformado por mujeres) que lo asistía con los pedidos de información que recibía por correo. Alrededor de 1912, el equipo de Otlet procesaba 1500 pedidos por año. A diferencia de Internet, este sistema no era digital, por lo que atender un pedido podía llevar horas o días.

RECIBIENDO EL MENSAJE

Las computadoras y los *smartphones* modernos nos permiten enviar mensajes con rapidez, casi instantáneamente, por correo electrónico, mensajes de texto o «chats». Antes de estos inventos, los mensajes se enviaban por medio de una red mundial conocida como *teletipo*, que surgió en Alemania en la década de 1930 y se extendió primero por Europa y luego por todo el mundo. Incluso, algunos países tuvieron líneas de teletipo antes que de teléfono.

Télex

Los mensajes de teletipo o télex (del inglés *telex*), se tipeaban en una máquina y luego eran convertidos en señales que se transmitían al receptor por radio (o de manera electrónica) y se imprimían en la máquina de destino. Los mensajes se enviaban a una velocidad de aproximadamente 66 palabras por minuto y los operadores utilizaban abreviaturas que hoy serían fácilmente reconocidas como *text speak*.

Servicio de emergencias

El sistema de teletipo fue superado en la década de 1980 por la máquina de fax, que permitía escanear documentos enteros y enviarlos alrededor del mundo por medio del sistema telefónico. Más tarde, el fax fue reemplazado por el correo electrónico, que es más simple y más rápido. Sin embargo, el teletipo aún se utiliza para enviar mensajes especiales con seguridad y rapidez, sin necesidad de cables. Por ejemplo, se utilizan los teletipos en el ámbito militar y en la guardia costera, para recibir mensajes urgentes de rescate e informes del clima.

TURING, EL TALENTOSO

Alan Turing (1912–1954) fue un matemático y lógico conocido como «el padre de la informática» debido a su visión innovadora en el mundo digital. Además, trabajó en el campo de la inteligencia artificial, la ciencia cognitiva (de la mente), la criptología e, incluso, investigó las matemáticas de los seres vivos.

Persecución

Turing trabajó durante varios años para el gobierno británico descifrando los códigos enemigos, por lo que fue nombrado miembro de la Sociedad Real de Londres en marzo de 1951, una distinción poco frecuente. Sin embargo, en 1952, fue procesado por ser homosexual, lo que se consideraba ilegal en ese tiempo. En consecuencia, fue sentenciado a hacer un tratamiento hormonal y no se le permitió volver a trabajar para el gobierno. En 2013, 55 años después de su muerte, Turing recibió un indulto real por haber sido tratado de manera cruel e injusta.

ENIGMA

0100011100001111

Una «máquina de la mente»

En un principio, la investigación de Turing giró en torno a la *Entscheidungsproblem* («problema de decisión»), que tenía que ver con averiguar si era posible que los matemáticos descubrieran la manera en la que las «computadoras» humanas resolvieran problemas solo repitiendo procesos incontadas veces. En 1936, inventó «la máquina universal de Turing», que usaba un conjunto de reglas para manipular símbolos en una cinta. Sin embargo, si bien esta máquina solo se planteó como una solución hipotética y no para ser construida, el uso de los dígitos binarios fue revolucionario para el futuro de la informática.

UNA NUEVA LÓGICA

Konrad Zuse comenzó a trabajar como ingeniero civil en una fábrica de aviones en Berlín, Alemania, donde investigaba el impacto causado por las vibraciones de las alas de los aviones durante el vuelo. Agobiado por los extensos cálculos que hacía, soñaba con crear una máquina que los resolviera. Así, luego de varios años y versiones, Zuse logró construir la primera computadora mecánica del mundo.

Trabajar en soledad

Zuse inventó su primer modelo en 1938 y lo llamó Z1. Esta computadora, que leía instrucciones desde una cinta perforada, tenía muy buenas características pero no funcionaba de manera óptima. Al ver estos avances, el gobierno alemán financió el trabajo de Zuse para diseñar computadoras que pudieran calcular las medidas precisas para transportar bombas. Durante la guerra, Zuse trabajó solo y en secreto en Alemania.

Toma de decisiones

Zuse no se dejó influenciar por otros inventores, lo que le permitió buscar nuevas formas de resolver problemas. De esta manera, descubrió un conjunto de reglas lógicas para poner en funcionamiento su computadora (en realidad, esas reglas ya existían y tenían que ver con la lógica booleana, pero Zuse no lo sabía). Esta computadora utilizaba dispositivos conocidos como puertas lógicas, que funcionaban con el sistema binario y con tres posibilidades: «y», «no» y «o», lo que permitía calcular los resultados de acuerdo con los distintos datos que recibía. Sorprendentemente, así es como trabajan las computadoras en la actualidad.

COMPETENCIA DE COMPUTADORAS

La primera computadora electrónica digital fue inventada en la década de 1930 en la Universidad del Estado de Iowa en los Estados Unidos por John Vincent Atanasoff y su asistente Clifford Berry, por lo que se conoce como la computadora de Atanasoff-Berry, o ABC. Al igual que las computadoras de la serie Z de Zuse, la ABC funcionaba con el sistema binario y la lógica booleana para realizar sus cálculos.

«Lluvia de ideas»

Atanasoff se embarcó en la difícil tarea de construir una computadora electrónica sin engranajes ni correas. De hecho, se cree que estaba tan consternado que condujo 320 km para despejar su mente. Cuando se detuvo para tomar un refresco, Atanasoff escribió sus ideas en una servilleta de papel. Sin embargo, no fue hasta 1941 que logró construir una máquina capaz de almacenar información.

Pequeña y grande

Atanasoff no era el único que intentaba diseñar una computadora. Al mismo tiempo, en la Unión Soviética, un equipo de mujeres, lideradas por Serguéi Lébedev, perseguían el mismo objetivo: construir una máquina que resolviera ecuaciones complicadas con facilidad. En 1951, este equipo construyó dos máquinas de cálculos. Mientras que una de ellas era pequeña, la otra era de gran tamaño y tenía alrededor de 5000 tubos de vacío (ver página 30). Esta última, era la computadora más rápida de Europa.

LAS COMPUTADORAS DE HARVARD

Hace cien años, el término «computadora» hacía referencia a un trabajo más que a un dispositivo electrónico. Eran personas que trabajaban en observaciones y cálculos complicados, como el grupo de talentosas mujeres del Observatorio de la Universidad de Harvard, Massachusetts, quienes descubrieron galaxias y nebulosas y crearon métodos para medir distancias en el espacio. Ellas marcaron la diferencia en el mundo de la astronomía.

Observando las estrellas

Las «computadoras» trabajaban bajo la dirección de Edward Charles Pickering.
Estas mujeres analizaban y comparaban en vidrio fotografías de las estrellas para calcular su posición. Una de las primeras computadoras fue una mujer que asistía en el hogar de Pickering, Williamina Fleming, quien además había sido maestra y descubrió la famosa nebulosa Cabeza de Caballo.

Talento de especialistas

Algunas de estas mujeres desarrollaron su talento en el trabajo, mientras que otras habían estudiado física y astronomía. Una de ellas, Annie Jump Cannon, mejoró el método de clasificación de estrellas diseñado por Fleming en el sistema de clasificación de Harvard, que se usa actualmente. Jump Cannon, quien calculó el espectro de 350.000 estrellas en su vida. Era capaz de clasificar las estrellas en tres segundos, teniendo en cuenta sus características espectrales, además de otras variables como el brillo y la temperatura.

COMPUTADORAS HUMANAS

En los años cincuenta, otro grupo de «computadoras» humanas fue contratado por la NACA en los Estados Unidos (que luego se convirtió en la NASA, la Administración Nacional de Aeronáutica y el Espacio, por sus siglas en inglés). Estas mujeres fueron las protagonistas en el desempeño de los Estados Unidos en la «carrera del espacio» contra la Unión Soviética. Ambos países competían para poner en órbita la primera nave espacial tripulada.

¡Al espacio!

Katherine Johnson fue una matemática destacada que, en un principio, trabajó en un departamento para mujeres afroamericanas, debido a la segregación. Luego, gracias a su notable talento para la geometría analítica, fue transferida a un área especializada en la materia. La investigación de Johnson fue de suma importancia para los vuelos espaciales del Proyecto Mercury, que lanzaron a Alan Shepard y John Glenn al espacio. De hecho, se dice que Glenn se negó a despegar a menos que Johnson verificara los cálculos.

Habilidades para el futuro

Con el tiempo, la NASA comenzó a emplear computadoras electrónicas para resolver los cálculos que hacían las mujeres, pero con gran velocidad. Una de las mujeres del equipo, Dorothy Johnson Vaughan, ante la necesidad de programar estas máquinas, estudió el lenguaje de programación Fortran y se lo enseñó a sus compañeras. Así, aseguraron sus puestos de trabajo por un largo tiempo. Simultáneamente, su colega Mary Jackson abandonó su puesto de «computadora» para convertirse en la primera ingeniera de color de la NASA.

DESCIFRANDO EL CÓDIGO

Uno de los mayores problemas que tenían los aliados durante la Segunda Guerra Mundial era descifrar los códigos de los alemanes para descubrir sus planes y movimientos. Para lograrlo, el gobierno británico creó la Escuela de Códigos y Cifrado, en Buckinghamshire, Inglaterra, en donde trabajó Alan Turing (ver página 19) en la creación de una computadora para descifrar los códigos.

La *Bombe*

Los alemanes utilizaban una máquina especial llamada «enigma» para codificar sus mensajes. Mientras tanto, Turing trabajaba con un equipo polaco para crear una computadora que descifrara los mensajes secretos, a la que llamaron «bombe». Esta máquina no era una computadora como las que conocemos hoy, sino que era un dispositivo diseñado de manera inteligente que contaba con una serie de tambores que representaban los rotores de la máquina «enigma», que exploraba todas las combinaciones posibles para descifrar los códigos.

Tiempos de guerra

Con el tiempo, centenares de máquinas *bombe* fueron ubicadas en puntos secretos. Eran manejadas por operarios calificados, en su mayoría mujeres, que trabajaban de manera encubierta y todo el día. Alrededor de 1942, estos agentes encubiertos descifraban 39.000 mensajes por mes, que luego pasaron a ser 84.000 (cerca de dos mensajes por minuto). Las criptógrafas, como Joan Clarke, matemática amiga y colega de Turing, tuvieron un rol protagónico, pero no pudieron hablar sobre sus logros hasta 1970.

UNA MÁQUINA PODEROSA

La máquina *bombe* no fue la única que usaron los aliados durante la Segunda Guerra Mundial, ya que se necesitaba una más poderosa para descifrar el código más avanzado de la máquina de cifrado Lorenz, que usaban Hitler y sus comandantes. La nueva máquina británica, llamada *Colosuss*, fue diseñada por el ingeniero Thomas Flowers, y es considerada la primera computadora electrónica.

Inversor propio

Thomas Flowers trabajó para la oficina general de correo de Londres, y luego se dedicó a diseñar computadoras durante la guerra, tiempo en el que construyó dos versiones de *Colossus*, en 1943 y 1944. Cada una de las diez computadoras *Colossus II* ocupaba una pared entera. Funcionaban con tubos de vacío (ver página 30) para resolver operaciones booleanas y de cómputo, inspiradas en el conocimiento de Flowers del sistema británico de telefonía. Curiosamente, los superiores de Flowers en Bletchley Park, instalación militar ubicada en Buckinghamshire, Inglaterra, no creían que su proyecto fuera a funcionar, entonces lo obligaron a invertir su propio dinero para solventar su investigación.

Lo imposible se vuelve posible

La primera *Colossus II* comenzó a funcionar en Bletchley Park apenas cinco días después del Día D, del desembarco en Normandía. Esta máquina reveló información de suma importancia acerca de lo que los alemanes sabían sobre los planes de los aliados. Así, los aliados lograron calcular sus operaciones a la perfección y la misión fue un éxito: se salvaron miles de vidas por la interrupción de la guerra. Después de la guerra, ocho de diez máquinas *Colossus* fueron destruidas por seguridad, mientras que Thomas Flowers no recibió más fondos para su investigación, debido a que los bancos no creían que sus planes pudieran llevarse a cabo.

OTRA IDEA PIONERA

Mientras Turing y Flowers diseñaban computadoras para descifrar códigos en el Reino Unido, otro equipo de ingenieros en los Estados Unidos buscaba crear una máquina que pudiera programarse para resolver diferentes problemas matemáticos. Liderado por John Mauchly y John Presper Eckert, este equipo construyó la ENIAC (Computadora e Integradora Numérica Electrónica, por sus siglas en inglés), que tenía el tamaño de una cancha de baloncesto y costaba alrededor de 500.000 dólares.

Un computadora multiuso

La ENIAC, financiada por el Gobierno y creada en la Universidad de Pensilvania, fue la primera computadora electrónica programable de uso general, ya que podía utilizarse para resolver varias tareas, no solo cálculos matemáticos. Se usó en el ámbito militar para calcular el recorrido de los cartuchos de las armas, para predecir el clima y para diseñar una bomba de hidrógeno y túneles de viento, entre otros propósitos.

Creando el cambio

Esta enorme computadora era mil veces más rápida que otras máquinas calculadoras de la época, debido a una diferencia fundamental en el diseño: en lugar de funcionar con interruptores mecánicos para procesar la información, lo hacía con tubos de vacío (ver página 30). La ENIAC era manejada por un equipo de programadoras, conocidas como «las chicas ENIAC», que conectaban y desconectaban miles de cables cada vez que la computadora ejecutaba un programa nuevo. Curiosamente, esta máquina necesitaba tanta electricidad que hacía que las luces de la universidad se volvieran más tenues.

UN ERROR CON... ¿ALAS?

¿A qué nos referimos cuando decimos que un programa o sistema informático tiene un *bug*? Actualmente, significa que hay un error o falla que lo hace trabajar de manera extraña o defectuosa. Sin embargo, en 1947, cuando la legendaria científica informática Grace Hopper informó que había encontrado un *bug* en la computadora que estaba desarrollando, se refería a... ¡un insecto! (por su palabra en inglés, *bug*). Curiosamente, una polilla había quedado atrapada en el interior de la máquina, lo que impedía que funcionara con normalidad.

Polillas y percances

Si bien se cree que así fue como surgió el término *bug* en informática, su origen, en realidad, puede haber sido anterior a esta anécdota. Cuando Grace Hopper documentó el incidente en el cuaderno que usaba para su proyecto (¡donde incluso pegó la polilla con cinta adhesiva!), escribió: «Primer *bug* real en una computadora», lo que sugiere que el término ya se usaba con el mismo sentido que hoy. Tal vez, a Hopper le pareció divertido encontrar un insecto real...

La maravillosa Grace

Son muchos los motivos por los que Grace Hopper es conocida como «la maravillosa Grace». Esta matemática brillante y Teniente de la Marina de los Estados Unidos ayudó a desarrollar la UNIVAC I (Computadora Automática Universal, por sus siglas en inglés), la primera computadora electrónica lanzada al mercado. Además, Hopper demostró que los programas podían crearse en otros lenguajes, no solo en símbolos matemáticos. Esto la convirtió en una gran fuente de inspiración para la programación moderna.

EN EL TRABAJO

La computadora UNIVAC de Grace Hopper fue lanzada al mercado en 1951. Si bien Hopper la programó, fue diseñada por Eckert y Mauchly, los creadores de la computadora ENIAC. Al principio, se crearon más de 40 computadoras UNIVAC que se usaron para procesar información en empresas, como compañías de seguros y de servicios.

Informática de oficina

La nueva era de las computadoras había comenzado. Ya no se usaban solo en la Armada y en los laboratorios, sino que otras personas, al ver que podían almacenar información con rapidez y ahorrar tiempo y dinero, habían comenzado a utilizarlas para los negocios. La UNIVAC I, de gran tamaño, era la primera computadora comercial que guardaba información en diez unidades de cinta magnética en grandes carretes. Esta computadora era programada en una estación de control, desde donde se tipeaba la información en máquinas, y luego se convertía en cinta magnética.

Contra corriente

Mientras que una UNIVAC procesaba los resultados del censo de 1950 en los Estados Unidos, otra estaba exhibida para mostrar las predicciones de los resultados de la elección presidencial de 1952 en el mismo país. Como las predicciones de la UNIVAC eran distintas a las de las encuestas de opinión pública (de acuerdo con las cuales Dwight *Ike* Eisenhower sería el ganador), la gente no creyó en los datos de la computadora. Para sorpresa de todos, la UNIVAC estaba en lo cierto, y su predicción final de 438 votos a 93 solo tuvo un margen de error del 1%.

YO APOYO A IKE

SIMPLEMENTE ACE

Al término de la Segunda Guerra Mundial, Alan Turing (ver página 19) dirigió sus esfuerzos a cumplir su próximo objetivo: crear una computadora electrónica. Así nació la computadora ACE (Motor de Computación Automática, por sus siglas en inglés), de uso común, digital, con programas almacenados y una gran capacidad de memoria. Sin embargo, los colegas de Turing del Laboratorio Nacional de Física de Londres pensaban que la ACE era muy compleja y crearon una máquina mucho más pequeña.

De segundo a primero

La computadora ACE de Turing, inventada en 1950, pronto fue superada por otra que contaba con programas almacenados. Esta fue construida en un laboratorio de Manchester y se convirtió en la primera computadora con esas características. Entonces, Turing se unió al equipo creador de esta máquina pionera y contribuyó enormemente al desarrollo de la informática. Por ejemplo, Turing diseñó un sistema de programación de entrada y salida, que fue implementado en la Ferranti Mark I, la primera computadora digital comercial. Además, este informático redactó el primer manual de programación.

Sabiduría de sobra

Sin embargo, el trabajo de Turing no terminó allí. Intentó desarrollar máquinas que trabajaran y pensaran como humanos. Además, diseñó una prueba (conocida en la actualidad como «test de Turing») para comprobar si las computadoras podían aprender y mantener conversaciones como las personas. Hacia el final de su carrera, Turing se dedicó a estudiar la biología matemática, utilizando su computadora para analizar los patrones en la naturaleza, tales como las manchas y las rayas de los animales, o la cantidad de dedos de una mano.

TUBOS Y TRANSISTORES

Una computadora funciona con interruptores dentro de sus circuitos que se apagan y se encienden para interrumpir o completar los circuitos eléctricos. Un interruptor mecánico necesita ser activado físicamente, y se restringe su velocidad. Al mismo tiempo, para que las computadoras trabajen con rapidez, necesitan interruptores eléctricos sin piezas movibles, que funcionan mil veces más rápido que los mecánicos. Así, al encenderse y apagarse, solo se mueven partículas cargadas llamadas *electrones*.

En los comienzos...

Las primeras computadoras, como la ENIAC y la UNIVAC I, usaban tubos de vacío como interruptores. Estos tubos, creados por el inventor británico John Ambrose Fleming para la radio, se asemejaban a las bombillas, por lo que levantaban temperatura y consumían mucha electricidad, lo que hacía que explotaran eventualmente. Además, estos tubos de vacío eran gigantes y se empleaban en grandes cantidades (la UNIVAC I tenía 5200, mientras que la ENIAC funcionaba con 17.000 de ellos), por lo que las computadoras debían ser enormes para alojarlos. Por esta razón, para que se pudieran construir máquinas más pequeñas, se necesitaban interruptores más compactos.

Un invento importante

La solución al problema de los tubos de vacío llegó en 1947 con un nuevo invento llamado *transistor*. Fue creado en los Laboratorios Telefónicos Bell en Nueva Jersey por un equipo de tres científicos: John Bardeen, William Shockley y Walter Brattain. El transistor, que cumplía la misma función que el tubo de vacío, pero era de menor tamaño, menos costoso, más resistente y más seguro, le otorgó el Premio Nobel de Física a su equipo creador en 1956.

Algunos ajustes

Más tarde, en 1959, Mohamed Atalla y Dawon Kahng, dos ingenieros de los Laboratorios Bell, inventaron el transistor MOSFET, que era más pequeño y se producía en masa más fácilmente. Con el tiempo, los transistores como este dejarían de usarse en las computadoras, aunque aún se utilizan en televisores, teléfonos y alarmas. Incluso los tubos de vacío se siguen utilizando en la actualidad: podemos encontrarlos en microondas, equipos de resonancia magnética y aceleradores de partículas. Además, aún se usan en amplificadores musicales, ya que generan buena calidad de sonido, según sus fanáticos.

Una cuestión de tamaño

A medida que disminuía el tamaño de las piezas de las computadoras, su capacidad aumentaba. Mientras que los tubos de vacío de 1950 soportaban 1 bit (abreviatura de dígito binario) de información en una pieza del tamaño de un pulgar, los transistores almacenaban 1 bit en una pieza del tamaño de una uña. Así, la tecnología se volvió cada vez más diminuta, por lo que, por ejemplo, los circuitos integrados eran del tamaño de una mano, pero almacenaban miles de bits. Con el tiempo, los microchips del tamaño de una uña se volvieron capaces de almacenar millones de bits de información.

UN CAMINO MARCADO POR MUJERES

La historia de la informática, fue, en gran parte, dominada por hombres (en cuanto al *hardware*, como científicos, inventores e ingenieros), dado que las mujeres solo conseguían empleos como operarias de computadoras o procesadoras de información. Sin embargo, algunas mujeres lograron abrirse paso en el mundo de la informática y dominaron la programación hasta 1980.

Una fuente de inspiración

Grace Hopper (ver página 27) inventó el primer compilador en 1952. Un compilador se encargaba de traducir el lenguaje de programación de alto nivel a un código mecánico comprensible para las computadoras. Hopper, quien además fue contralmirante de la Marina de los Estados Unidos, creó los lenguajes FLOW-MATIC y COBOL, que aún se utilizan. Estos lenguajes de programación expresaban las operaciones en palabras y no en números, y por eso eran más accesibles. La maravillosa Grace fue una fuente de inspiración para sus sucesores y recorrió los Estados Unidos dando discursos educativos que captaron la atención del público.

Visionaria

En 1947, la licenciada en matemática y con un doctorado en matemática aplicada, Kathleen Booth creó, en la Univerdidad de Londres, el primer lenguaje ensamblador de programación, de bajo nivel, diseñado para un tipo específico de procesador. Booth también escribió programas y libros de programación para los tres primeros sistemas informáticos de la universidad. En una época en que las computadoras se usaban para hacer cálculos, ella soñaba con que también se utilizaran para otras funciones, desde jugar hasta traducir lenguas humanas. Como si fuera poco, esta pionera también trabajó en el campo de la inteligencia artificial y creó un programa para simular la manera en que los animales reconocen los patrones.

LA HISTORIA DE IBM

IBM (*International Business Machines*), conocido como «el gigante azul», es uno de los nombres más importantes en tecnología. Esta compañía diseña, produce y vende *software* y *hardware*, y mantiene el récord de producción de mayor cantidad de patentes comerciales en los Estados Unidos durante los últimos 25 años. Su historia comenzó a principios del siglo XIX, con la fundación de la compañía de Herman Hollerith que luego se fusionó con otras tres para formar la *Computing Tabulating Recording Company*, más tarde llamada IBM (ver página 16).

Tecnología de la información

Esta compañía abarcó todo tipo de tareas en diferentes áreas, aunque tenían un objetivo en común: grabar, procesar, almacenar y transmitir información. IBM creó balanzas, relojes, calculadoras, cajeros automáticos computarizados, cajas registradoras y computadoras centrales. En 1943, su dueño, Thomas Watson, dijo: «Creo que hay un mercado mundial para cinco computadoras». Luego, fue sucedido por su hijo Thomas Johnson Watson Junior, quien advirtió el potencial de la tecnología informática y convirtió IBM en la compañía líder del mercado.

Multitarea

Las primeras computadoras IBM eran grandes máquinas que funcionaban con tubos de vacío (ver página 30). La IBM 701 EDPM fue empleada por las Naciones Unidas en la guerra de Corea, ya que podía seguir 17.000 instrucciones por segundo. Además, podía realizar operaciones comerciales, como facturación, pagos y control de mercadería. Otro modelo famoso fue la IBM 650, la primera computadora comercial producida en masa, y su uso se popularizó en las universidades. Contaba con una amplia variedad de aplicaciones y resolvía tareas múltiples, desde el análisis del desempeño de la tripulación submarina hasta programas para la enseñanza en escuelas.

LAS PARTES MÁS DURAS

Una computadora está compuesta por varias piezas duras (algunas ocultas dentro de la carcasa externa), llamadas *hardware*. Por otro lado, los programas que hacen «pensar» a la computadora se conocen como *software* (ver páginas 50 y 51). Existe una amplia variedad de *hardware* de distintos tamaños, pero la tendencia es que se vuelva cada vez más pequeño, de manera que sea posible llevar computadoras en un bolso o bolsillo.

Un nuevo método

En la década de 1940, las computadoras como la Colossus y la ENIAC eran máquinas controladas por un programa, pero debían ser reconfiguradas para cumplir nuevas funciones. Por eso, en 1945, el matemático John von Neumann continuó con el trabajo de Alan Turing y propuso un nuevo diseño computacional que consistía en equipar las computadoras con un programa ya almacenado. Según este diseño, las computadoras contaban con una unidad de procesamiento y una estructura separada para almacenar información e instrucciones, lo que les permitía llevar a cabo un gran número de tareas sin tener que ser reconfiguradas.

Diseño digital

Una computadora con la nueva «arquitectura» (o diseño) de von Neumann cuenta con tres componentes fundamentales: la unidad de procesamiento central (CPU, *Central Processing Unit*), la memoria principal de la computadora y los mecanismos de entrada y salida. La CPU es como el cerebro de la computadora, ya que de allí salen las instrucciones para su funcionamiento y, además, controla la información. Su velocidad se mide en hertz (Hz) o, si es demasiado rápida, en gigahertz (GHz). Todas las piezas de *hardware* están conectadas por medio de un circuito, que se conoce como «placa madre» (ver imagen).

PRUEBA DE MEMORIA

Las computadoras modernas cuentan con dos tipos de memoria. El primero se usa para almacenar la información que la CPU está procesando en tiempo real. Así, pequeñas cantidades de esta información se guardan en la CPU, mientras que el resto de los datos se almacenan en la memoria RAM (Memoria de Acceso Aleatorio, por sus siglas en inglés), fuera de la CPU. Sin embargo, todos los datos almacenados en la memoria RAM desaparecen cuando se apaga la computadora. Por otro lado, la memoria ROM (Memoria de Solo Lectura, por sus siglas en inglés) no cambia tan fácilmente. Tanto la memoria RAM como la ROM miden su velocidad en megahertz (MHz) y su tamaño en *megabytes* o *gigabytes*. No obstante, los chips de memoria RAM pueden leer información más rápidamente que la memoria ROM.

Elige tu favorita

Hoy en día, puedes elegir el diseño de computadora que mejor se adapte a tus necesidades. Por ejemplo, una computadora de escritorio tiene un monitor, un teclado y, en ocasiones, una carcasa para la CPU. Otras computadoras tienen la CPU dentro del monitor y otras son *laptops* (computadora portátil), que combinan todas esas partes en una unidad liviana que se puede transportar. Las primeras computadoras con este formato fueron lanzadas al mercado en la década de 1980.

¡A reciclar!

El *hardware* de las computadoras se vuelve obsoleto en poco tiempo. Por eso, se crean nuevos diseños constantemente. Sin embargo, es importante que no descartemos las máquinas viejas de inmediato, ya que el *hardware* contiene algunos materiales dañinos para el medio ambiente, como plomo, cadmio, níquel y mercurio, que deben ser reciclados con cuidados especiales. Por otro lado, algunos materiales comunes como la silicona y el cobre, y otros metales costosos como el oro, la plata, el platino y el paladio se pueden recuperar y reutilizar. Si bien estos materiales se encuentran en pequeñas cantidades, 200 *laptops* contienen alrededor de 155 gramos de oro, valuados en aproximadamente 7500 dólares.

EN ÓRBITA

La década de 1960 fue la época de la «carrera del espacio» (ver página 23), en la que los Estados Unidos y la Unión Soviética competían para ser los primeros en lanzarse fuera del planeta. Si bien la meta final era aterrizar en la luna, el primer paso consistía en poner en órbita el primer satélite construido por el ser humano. El ganador fue el satélite soviético de comunicaciones llamado *Sputnik I*, que fue lanzado al espacio en 1957, seguido por el norteamericano *Explorer I*, un año más tarde. Lo importante es que ambos satélites necesitaron computadoras para funcionar, tanto en la Tierra como en el espacio.

Las señales indicadas

Estos primeros satélites permitieron desarrollar la investigación científica y mejorar el pronóstico del tiempo. Más tarde, otros satélites, como el Telstar (1962–1963) mejoraron las telecomunicaciones, como las llamadas de larga distancia y las transmisiones de TV en vivo desde cualquier parte del mundo. Nuevamente, todos los satélites necesitaban computadoras en la base y también en su interior para realizar tareas, como navegar y almacenar imágenes digitales. Las primeras versiones, como los satélites estadounidenses Echo, empleaban un equipo de computadoras humanas, liderado por Melba Roy Mouton, para calcular las trayectorias de aterrizaje. En la actualidad, los satélites manejan grandes cantidades de información para que Internet funcione.

Mapas computarizados

Los cartógrafos de hoy usan imágenes satelitales y computadoras para hacer mapas, no solo de la Tierra sino también de otros planetas. Las computadoras toman una imagen satelital y la unen a otras para crear un mapa, en 3D o animado. Los científicos lograron este objetivo con imágenes de Marte e hicieron posible que echemos un vistazo a los Valles Marineris como si estuviéramos allí mismo.

CAPÍTULO 2

GRANDES COMPUTADORAS

Las primeras computadoras programables eran enormes, hasta que un grupo de brillantes y talentosos científicos informáticos pudieron reducir su tamaño para que fueran más accesibles para realizar las operaciones cotidianas. Aunque las máquinas comenzaban a parecerse más a las que conocemos hoy, aún no eran tan rápidas ni potentes. Durante este periodo de desarrollo, se crearon algunas de las compañías tecnológicas más importantes que conocemos. Al mismo tiempo, hubo varios descubrimientos en programación que revolucionaron el mundo de la tecnología.

BITS, *BYTES* Y BOB BEMER

Los códigos de programación se desarrollaron de diversas formas, con 60 maneras distintas de representar caracteres como letras, números y puntuación. Sin embargo, se necesitaba un código estándar que fue creado en 1963 por el científico informático Bob Bemer, y recibió el nombre de código ASCII (Código Estadounidense Estándar para el Intercambio de Información, por sus siglas en inglés). En este código, cada carácter está representado por su propia serie de dígitos binarios, por ejemplo «@» equivale a 01000000, mientras que «=» está representado como 00111101.

Definiendo estándares

Además, Bemer ayudó a desarrollar la medida estándar de información en una computadora tomando 8 bits por *byte*. La decisión de usar 8 bits fue el resultado de varios intentos. Antes de esta medida, se usaban entre 1 y 48 bits. La unidad de 8 bits, o 1 *byte*, hace referencia a un solo carácter, mientras que 1 bit es la unidad mínima de almacenamiento (equivalente a 0 o a 1). Con 8 bits, se pueden obtener 256 combinaciones diferentes como, por ejemplo, la mayúscula, la minúscula, la puntuación y algunos comandos.

SATELITE1980: * \ ) ^ O ^ / * > : / @ } —;— ‘ ___

ASCII_USER: } : -> O_O : —P :C)

Colapso informático

Bob Bemer, además, fue el primero en predecir el problema de programación cuando el año cambió de 1999 a 2000, que los medios llamaron «el problema del año 2000», «el problema Y2K», o «el error del milenio».

Como Bemer sabía que, para ahorrar espacio, muchas computadoras guardaban la fecha en su reloj interno en forma de dos dígitos (por ejemplo, 1986 se reducía a 86), temía que, al llegar el año 2000, el reloj lo reconociera como 1900. Esto impediría el normal funcionamiento de los sistemas. Así fue como, bajo la advertencia de Bemer, las compañías invirtieron millones de dólares para evitar el problema.

RATONCITO, RATONCITO

¿En qué caso un *mouse* (ratón) no es lo mismo que un ratón (animal)?
La respuesta es cuando hablamos de un dispositivo apuntador utilizado para facilitar el manejo de un entorno gráfico en una computadora. Este dispositivo, patentado por primera vez en 1967, fue llamado *mouse* por uno de sus inventores, quien decía que el cable que sale por la parte trasera lo asemejaba al roedor.

El ratón ganador

El primer *mouse* fue creado por Douglas Engelbart y Bill English en 1964, en la Universidad de Stanford, California, con el propósito de mover el cursor. Fabricado con un bloque de madera, este dispositivo tenía un pequeño botón en una punta. Este *mouse* fue probado en la NASA y superó a otros dispositivos, entre los que se encontraban un lápiz óptico y un *joystick*.

Siguiendo la luz

La computadora Xerox Alto (ver página 69) fue la primera que se creó para usar con un *mouse* en 1973. Este tenía tres botones en la superficie y una bola de metal en la parte inferior para facilitar el movimiento. Dado que esta fue la primera máquina en trabajar con una interfaz gráfica de usuario (GUI), con íconos en la pantalla en lugar de comandos en forma de texto, el *mouse* era la manera de llegar a esos íconos. Luego, en 1980, Steve Kirsch y Richard F. Lyon, trabajando de manera independiente, inventaron un *mouse* óptico que funciona con luz en lugar de piezas mecánicas.

INGRESO DE DATOS

Existen distintas maneras de ingresar información en una computadora a través de los dispositivos de entrada. Algunos tienen un propósito específico, como la cámara web, el micrófono o la tableta gráfica, mientras que otros, como el teclado, el *mouse* o la pantalla táctil son más comunes. Lo cierto es que estos dispositivos han logrado sustituir las tarjetas perforadas, que se introducían en las grandes computadoras durante el siglo XX.

Primeros ingresos

Las primeras tarjetas perforadas de Herman Hollerith (ver página 16) tenían 80 columnas porque habían sido diseñadas para las 80 preguntas del censo de los Estados Unidos. Este mismo formato se replicó en otras computadoras con tarjetas perforadas que contaban con un teclado para ingresar la información. No debemos dejar de mencionar que el teclado ha sobrevivido todos estos años e incluso ha conservado el formato QWERTY, que se tomó de las máquinas de escribir, aunque algunos piensen que no es el mejor diseño.

Lo que importa es la imagen

Las imágenes pueden ingresar a una computadora de diversas maneras. Aunque se trate de una cámara digital, de un video de una cámara web o de otro tipo de imagen tomada con un escáner o tableta gráfica, las imágenes se convierten en una serie de unidades digitales llamadas *píxeles*, que se pueden mostrar en una pantalla o almacenar en forma de archivos. Estos píxeles pueden ocupar gran cantidad de memoria, por lo que se los suele comprimir en archivos más pequeños llamados *JPEG*, creados por la agrupación Joint Photographic Experts Group en 1992.

Pura diversión

No todos los dispositivos de entrada se usan para estudiar o trabajar. Algunos son mucho más divertidos, como el *joystick*. Fue patentado en 1926 y se usó por primera vez como palanca de mando en aviación. Curiosamente, el diseño original no ha cambiado demasiado para su uso en las máquinas de juegos y en los videojuegos. El *joystick* le permite al usuario mover en la pantalla a un personaje o vehículo. Fue creado por Ralph Baer quien, conocido como «el padre de los videojuegos» lo incorporó a este mundo en 1967.

Saltos y volteretas

Los controladores para juegos fueron evolucionando con el tiempo, desde el *joystick* hasta los que conocemos hoy, con sus botones adicionales, palancas y motores internos que los hacen vibrar. Por ejemplo, Nintendo revolucionó el mundo de los videojuegos con la creación del controlador remoto inalámbrico Wii y, si bien el Kinect y la Xbox dejaron de producirse en 2015, sus innovadores sensores de movimiento se usan en la actualidad por robots neutralizadores de bombas y cirujanos.

VOLVER A LO BÁSICO

A principios de 1960, el matemático húngaro-americano John Kemeny tenía como objetivo lograr que cada estudiante en su universidad tuviera acceso a una computadora y supiera usarla. Para lograrlo, diseñó un nuevo lenguaje de programación junto con su asistente Thomas Kurtz, al que llamaron *BASIC*, para demostrar la facilidad con la que se podía utilizar.

Mentes brillantes

Kemeny era un matemático talentoso (ayudante de Einstein en 1948) que se dedicó durante varios años a enseñar matemáticas aplicando un método innovador. Kemeny quería hacer que la programación fuera accesible para más personas, incluyendo a los estudiantes de disciplinas no relacionadas con la tecnología. La religiosa Mary Kenneth Keller fue una de las discípulas de Kemeny en la universidad Dartmouth College, en Nuevo Hampshire, Estados Unidos, que ayudó a desarrollar el sistema BASIC y se convirtió en la primera mujer en obtener un doctorado en informática en Estados Unidos.

El básico BASIC

El lenguaje original BASIC fue la fuente de inspiración para la creación de otras versiones. Por ejemplo, Bill Gates y Paul Allen lo adaptaron y lo vendieron con su computadora doméstica Altair (ver página 55), mientras que los científicos ingleses Sophie Wilson y Steve Furber usaron este lenguaje para su nueva computadora conocida como *BBC Micro*, de Acorn. Así, BBC BASIC se convirtió en el lenguaje de programación enseñado en miles de escuelas británicas. El objetivo de la compañía era vender solo 12.000 Micros, pero lograron vender más de un millón.

RECIBIENDO EL MENSAJE

En la actualidad, el *e-mail* (o mensaje de correo electrónico) es la forma de comunicación más usada en Internet. Permite a las compañías hacer negocios globales con rapidez y, a las personas, mantenerse en contacto desde cualquier lugar del mundo, en cualquier momento. Sin embargo, no siempre fue así. El primer *e-mail* se envió en 1965, en una red interna que permitía que los estudiantes y los profesores del MIT (Instituto de Tecnología de Massachusetts, por sus siglas en inglés) se dejaran mensajes entre sí en la misma computadora.

Expandiendo los horizontes

Ray Tomlinson envió el primer *e-mail* a través de una red utilizando la ARPANET (ver página 53). Sin embargo, a medida que crecía el número de usuarios, se volvía más complicado saber dónde entregar los mensajes. Para resolver el problema, Tomlinson introdujo el símbolo «@» en las direcciones de correo electrónico, lo que hizo que este sistema interno de mensajería se popularizara aún más. A partir del surgimiento de Internet (ver página 88), a mediados de 1990, cualquier usuario de la red podía enviar un mensaje de correo electrónico.

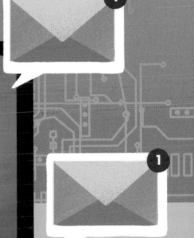

Animal @

Muchos idiomas describen al símbolo «@» como un animal, ¿encuentras el parecido? Los holandeses lo describen como una cola de mono (*apestaart*), mientras en sueco es una trompa de elefante (*snabel-a*) y en finlandés se describe como la cola de un ratón. Al mismo tiempo, los griegos definen este símbolo como un pequeño pato, mientras que para los rusos es un perro y para los italianos, un caracol (*chiocciolina*). Aún hay más: en chino mandarín este símbolo es descrito como un pequeño ratón; en alemán, como la cola de un mono (*affenschwanz*) y en húngaro, como un gusano (*kukac*).

MÁQUINAS DE DINERO

Sería imposible manejar nuestras finanzas en el siglo XXI sin las computadoras. Solo un pequeño porcentaje del dinero es real o físico, ya que la mayor parte son solo números que viajan a través de las redes de computadoras y las bases de datos bancarias. Puedes acceder a estos números en línea, transferirlos a tu *laptop* y gastarlos con tan solo ingresar a una tienda digital desde tu celular.

Viernes de billetes

Los primeros cajeros automáticos aparecieron a fines de la década de 1960 y funcionaban con tarjetas codificadas para extraer dinero. Estas máquinas no estuvieron conectadas a una red de computadoras hasta que IBM (ver página 33) desarrolló la tecnología necesaria para lograrlo. Hoy existen alrededor de tres millones de cajeros automáticos, incluso hay uno en la base de investigación McMurdo en la Antártida. Por si no lo sabías, ¡el día que más se usa el cajero automático es el viernes!

Retiro del dinero

Una tarjeta bancaria cuenta con una banda magnética que tiene los datos del usuario y está conectada con un PIN (Número de Identificación Personal, por sus siglas en inglés), una idea patentada por el inventor escocés James Goodfellow en 1966. Así, al insertar la tarjeta en el cajero, la máquina convierte los datos bancarios en señales que se envían a la computadora del banco para acceder a la cantidad de efectivo requerida. Estos mismos datos, si están almacenados en un microchip en la tarjeta, pueden ser leídos por una máquina sin contacto (ver página 49).

APRENDIENDO UN LENGUAJE NUEVO

Una computadora solo puede hacer lo que se le ordena, por eso necesita un conjunto de instrucciones escritas en un lenguaje que pueda comprender. Al encenderse, comienza a ejecutar programas que han sido escritos en un lenguaje especial. Mientras que algunos de los programas más viejos son el COBOL y el Fortran, desarrollados para las enormes computadoras de la década de 1950, en la actualidad existen cientos de lenguajes de programación diferentes. Por ello, el trabajo de un programador consiste en elegir el mejor lenguaje para su propósito.

C y C++

El lenguaje de programación C, diseñado para que sea fácil de usar en distintas computadoras, fue desarrollado en los Laboratorios Bell en Estados Unidos por Dennis Ritchie entre 1969 y 1973. En la actualidad, este lenguaje se utiliza en distintas áreas, desde aviones de combate hasta *smartphones*. De hecho, algunos sistemas operativos (ver página 96), como Linux y Android, están escritos en lenguaje C. Más tarde, Bjarne Stroustrup, quien también trabajaba en los Laboratorios Bell, creó la versión C++ de este lenguaje más poderoso y versátil. Se usa hoy en día en la navegación por satélites, juegos de acción de alta velocidad y semáforos.

Python

El programador holandés Guido van Rossum buscaba trabajar en un proyecto durante la Navidad y decidió crear un nuevo lenguaje de programación que fuera más versátil, conciso, de usos múltiples, fácil de leer y de aprender. Finalmente, en 1991, desarrolló el lenguaje Python, que sigue siendo popular 30 años más tarde. Este lenguaje de programación se utiliza para el desarrollo web y de programas, así como también para aplicaciones científicas, control del tráfico aéreo y en el ámbito de la robótica.

LA ERA ESPACIAL

La llegada del ser humano a la Luna en 1969 fue un logro tecnológico sin precedentes. Sin embargo, la computadora que se usó en ese entonces se volvió obsoleta apenas un par de años después debido a que era increíblemente lenta, con poca memoria y debía operarse laboriosamente ingresando comandos de dos dígitos.

Proyecto Géminis

Cuando se inició el programa espacial en Estados Unidos con el proyecto Mercury (ver página 23), no contaban con una computadora a bordo de la nave, solo en el control en tierra. El proyecto Géminis (1961–1966) fue el primero en el que se usó una computadora operada por los astronautas durante el vuelo, que se conoce como «computadora de guía Géminis» (Gemini Guidance Computer). Era controlada manualmente con un *joystick* y ayudó a la tripulación en el ascenso y en la navegación. El proyecto Géminis consistió en diez viajes espaciales que se desarrollaron con éxito, lo que marcó el camino para el viaje a la Luna.

Demasiado grande

Por el contrario, los viajes del programa Apollo eran manejados por computadoras. La computadora de guía Apollo (Apollo Guidance Computer o AGC) fue desarrollada por un equipo del MIT dirigido por «Doc» Draper y Eldon Hall. Sin embargo, esta computadora pesaba 30 kg y tenía menos de 64 kb de memoria (menos de una millonésima parte de la memoria de un iPhone X) y, si bien debía tener el tamaño necesario para viajar a bordo de la nave, en un principio era del tamaño de diez refrigeradores en fila. Con el tiempo, se logró reducir su tamaño. Los astronautas operaban la AGC ingresando códigos en un dispositivo con pantalla y teclado llamado *DSKY*, pero los astronautas debían ingresar más de 10.000 comandos para cada viaje entre la Tierra y la Luna.

Prueba de seguridad

Para que el Apollo 11 llegue a la Luna se necesitaron varios programas escritos en el lenguaje ensamblador de la AGC por la diseñadora de *software* Margaret Hamilton, quien atribuye su capacidad de resolver problemas y su pensamiento lateral al hecho de haber llevado a su hija al trabajo. La niña jugaba con un simulador de programas. Cuando presionó un botón incorrecto, lo destruyó accidentalmente. Esto llevó a Hamilton a pensar qué pasaría si eso mismo ocurriera durante la misión. A partir de entonces, Hamilton desarrolló códigos extra para lidiar con lo inesperado.

Memoria LOL

Una vez escrito, el código debía ser programado en la AGC con un tipo especial de memoria llamado *memoria de núcleos cableados para el almacenamiento*, en el que los bits de información están representados por cables entrelazados a través de pequeños anillos magnéticos. Este entramado era, a menudo, hecho por mujeres en fábricas y, por ello, se lo llamó memoria LOL (que proviene de las siglas en inglés de *Little Old Ladies*, o 'pequeñas ancianas').

LA MICRO REVOLUCIÓN

Si bien los transistores reemplazaron a los tubos de vacío (ver página 30) y revolucionaron la industria de la informática, hubo un cambio aún mayor y más impactante. Dos ingenieros de compañías distintas tuvieron la misma idea: crear una pieza diminuta en la que entraran varios transistores y que funcionara como un circuito integrado. Esto disminuiría no solo el tamaño sino también el costo de las computadoras, y así serían más accesibles para más personas.

Dos patentes

Mientras que Jack Kilby diseñó su circuito integrado de cerámica en 1958, cuando trabajaba para la compañía Texas Instruments, un año antes, Robert Noyce (quien luego se convirtió en socio fundador de Intel) ya había diseñado su propio «chip de computadora» hecho de silicio. Así, ambos patentaron sus inventos en 1959, sin saber entonces el éxito que alcanzarían los microchips. Estos permiten reducir los costos en electrónica un millón de veces y han llegado a facturar cien mil millones de dólares al año.

El valle de la tecnología

El circuito integrado pronto se popularizó con el nombre de *microchip*. Al principio, estos eran del tamaño de una uña, pero durante el siglo XXI su tamaño se redujo a nanómetros (un nanómetro equivale a la mil millonésima parte de un metro). Estos pequeños circuitos deben fabricarse con un material semiconductor, como el silicio o el germanio. Dado que varias de las industrias tecnológicas que utilizan estos chips están ubicadas en California del Norte, la zona se conoce como *Silicon Valley* (o Valle del Silicio).

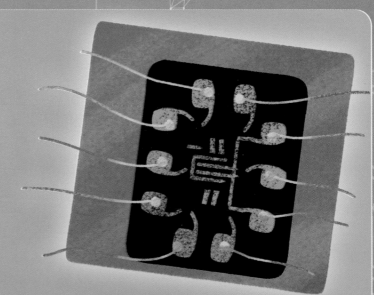

RECETA PARA HACER CHIPS

La compañía Intel vendió su primer microchip para calculadoras de bolsillo en 1971. Con el tiempo, estos pequeños circuitos comenzaron a utilizarse en la memoria RAM de computadoras y microprocesadores. Para crear un chip de uso general, se graban o superponen transistores, resistores y condensadores diminutos sobre una delgadísima pieza de material.

De gran ayuda

Los microchips tienen usos muy variados. Por ejemplo, se pueden cargar los datos de una mascota en un microchip, que luego se inserta debajo de la piel del animal para que un escáner pueda leer esa información almacenada. Además, las tarjetas de crédito también tienen microchips (los pequeños rectángulos brillantes que están en el frente), que contienen los datos del usuario para acceder a su cuenta bancaria. Otro ejemplo son las tarjetas SIM que se colocan en los teléfonos celulares, que también son microchips que almacenan la información y la identidad del usuario.

La ley de Moore

En 1965, Gordon Moore (el otro fundador de Intel) aseguró que el número de transistores que se pueden colocar en un chip se duplicaría cada dos años, aproximadamente. Esto significaba que las computadoras se volverían más rápidas, más pequeñas y más baratas. Moore prácticamente acertó, aunque el período de tiempo en que los transistores se duplicaron no fue de dos años, sino de 18 meses. Sin embargo, dado que la alta temperatura de los transistores impedirá seguir creando circuitos de menor tamaño, la predicción de Moore tiene un límite que podría alcanzarse en unos pocos años.

1234 6759 7412 4355
MICRO CHIP 12/19

LA REALIDAD DEL *SOFTWARE*

Es un hecho que las computadoras no trabajan ni piensan por sí solas, por lo que necesitan recibir instrucciones claras, que están en las partes de la máquina que no podemos alcanzar, ni tocar, que se conocen como *software* (el *hardware*, por su parte, está formado por las piezas que SÍ podemos ver y tocar, ver página 34).

Haz lo que se te pide

Las instrucciones que reciben las computadoras consisten en un conjunto de comandos o programas escritos por programadores (también llamados *codificadores* o desarrolladores de *software*) en un lenguaje o código que la máquina es capaz de comprender. Mientras que algunos de estos programas vienen cargados de fábrica en la computadora para que pueda llevar a cabo las operaciones básicas, otros se pueden descargar de Internet o insertar desde una unidad externa. Además, existen programas gratuitos y otros que no lo son, por ejemplo, un juego que se puede comprar y cargar en una consola, que es un ejemplo de programación compleja.

Justo lo que se necesita

Todo *software* de una computadora está programado para un propósito especial, como los programas que conocemos, tales como *Minecraft*, YouTube, iTunes, Google y Snapchat. Los programadores utilizan lenguajes diferentes para distintos programas, como Java, Ruby y C#, que se usan para crear sitios web. Además, Java también se utiliza para crear aplicaciones en computadoras y *smartphones*, y fue el lenguaje empleado en el juego original *Minecraft*, aunque la versión para dispositivos móviles se hizo con el lenguaje C++.

Programando páginas

Cuando encuentras el sitio web que buscabas, aparece en la pantalla expresado en lenguaje de marcado de hipertexto (HTML). Sin embargo, las páginas HTML se ven muy aburridas si los programadores no usan otros programas para hacerlas más atractivas, por ejemplo, las páginas creadas con el lenguaje de HTML llamado CSS (Cascading Style Sheets), muestran el texto en azul y en tamaño 12. Además, existe otro programa llamado *JavaScript* que se utiliza para que la página web sea más interactiva y responda a las acciones del usuario.

Buscar y encontrar

Para navegar en Internet, existen diferentes tipos de *software*, como Google Chrome o Safari, mientras que Google, Bing, Yahoo o Ecosia son motores de búsqueda que funcionan con programas especiales, conocidos como *arañas* o *rastreadores web*, que revisan millones de páginas rápidamente. De esta manera, la búsqueda arroja varios resultados en unos segundos, por lo que aparecen leyendas como «cerca de 22.800.000 resultados (0,65 segundos)» al principio de la lista.

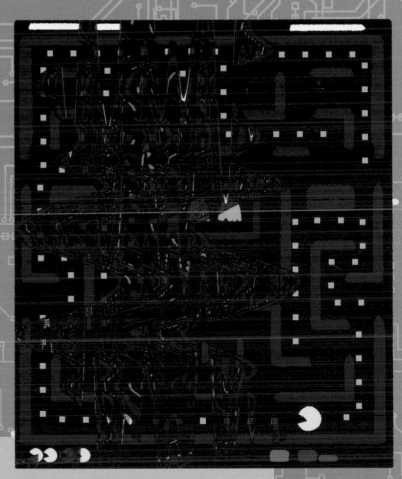

Cuando algo anda mal

Una falla en un *software* puede deberse a algo muy simple, como un símbolo mal ubicado o un error de ortografía. Por ejemplo, una falla en el programa PayPal convirtió a Chris Reynolds en el hombre más rico del mundo cuando se acreditaron erróneamente 92 mil billones de dólares en su cuenta. Otro ejemplo de falla se encuentra en el juego *Pac-Man*, en el que resulta imposible pasar el nivel 256 porque parte de la pantalla se vuelve un enjambre de letras y números.

QUE COMIENCE EL JUEGO

Los primeros videojuegos eran sencillos... MUY sencillos. Por ejemplo, en uno de estos juegos, al colocar una moneda en una ranura dos líneas blancas y un punto aparecían en una pantalla oscura, ¿de qué juego se trataba? Era la versión computarizada del pimpón, en el que las líneas eran las paletas y el punto era la pelota, mientras que dos *joysticks* o botones se usaban para mover las líneas hacia arriba o hacia abajo en la pantalla, y el punto rebotaba entre ellas. Este juego, llamado *Pong*, fue un éxito rotundo.

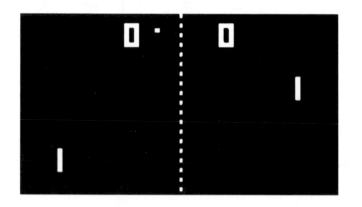

Sobrecarga

Los creadores del juego *Pong* supieron que su invento era un éxito al ver que los clientes del bar donde estaba la máquina del juego solo iban allí a jugar, en vez de ordenar algo. Sin embargo, el juego dejó de funcionar en tan solo una semana, no porque fuese muy precario (aunque lo era, ya que se trataba de un prototipo), sino porque la caja de monedas se había llenado debido a la cantidad de veces que la gente había jugado.

Una difícil tarea

En 1972, Allan Alcorn, de la compañía de juegos Atari diseñó, a pedido de su jefe Nolan Bushnell, un juego de carreras. Sin embargo, Alcorn le dijo que era algo muy difícil de lograr y, en cambio, creó un juego de pimpón en el que podían participar dos jugadores. Curiosamente, aunque no era cierto, Bushnell le había dicho a su empleado, para que se esforzara, que el juego sería comercializado por General Electrics. Con todas las mentiras y dificultades, ese juego se convirtió en uno de los mayores éxitos de la industria de los videojuegos.

ESTABLECIENDO EL CONTACTO

A medida que las computadoras se volvían más eficientes, solo les faltaba poder «conversar» entre sí estando separadas por miles de kilómetros de distancia. Para lograr este objetivo, la ARPA (Agencia de Proyectos de Investigación de Avanzada, por sus siglas en inglés), que pertenecía a la Armada de los Estados Unidos, creó la red ARPANET, que logró poner en contacto cuatro computadoras en universidades diferentes. Así, este sistema marcó el camino para el surgimiento de Internet.

En guardia

A fines de la década de 1960, la ARPANET contaba con una nueva tecnología llamada *NCP*, o *Network Control Protocol* (protocolo de control del nivel de red), que permitía que las computadoras de la Armada intercambiaran información de manera segura a través de las líneas telefónicas. Lo maravilloso de esta red era que no necesitaba una oficina central para funcionar, por eso no podía ser atacada por enemigos. Las primeras redes se usaron para establecer un sistema de radares en todo el país, un proyecto dirigido por el Dr. «Lick» Licklider, quien hacía tiempo quería lograr que las computadoras se emplearan en las comunicaciones.

El primer gusano

En 1971, la ARPANET ya funcionaba en varios países. Por ese entonces, el ingeniero informático Bob Thomas intentaba crear un programa que se desplazara por sí solo a través de la red. Finalmente, logró su propósito que se llamó *Creeper*, un programa que se abrió paso a través de la ARPANET y se replicó en el sistema remoto, mostrando un mensaje en la pantalla. Aunque este programa no era un virus, porque no causó ningún daño, fue el primer ejemplo de *software* que podía replicarse, lo que se conocía como un *worm* o gusano informático. Al poco tiempo, Creeper fue sustituido y literalmente eliminado por Reaper, su versión más moderna, que también podía viajar por la red.

LA FOTOGRAFÍA PERFECTA

Antes de 1975, las fotografías se imprimían en papel. Nadie imaginaba el hecho de poder ver fotografías en una pantalla, hasta que un equipo de ingenieros de la compañía Kodak armó la primera cámara fotográfica digital con partes de una cámara de cine, una grabadora de cintas y 16 baterías. Sin embargo, esta cámara no era completamente portátil, ya que para reproducir las fotografías se necesitaba otra pieza del tamaño de una maleta. La cámara digital ya existía, pero necesitaba algunos ajustes.

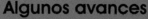

Algunos avances

La primera cámara digital de Kodak, inventada por Steve Sasson, tardaba 23 segundos en capturar una imagen, pero solo en blanco y negro. Las cámaras digitales portátiles no aparecieron hasta 1990.

La primera fotografía tomada con la cámara de un teléfono móvil fue compartida por el inventor Philippe Kahn en 1997, quien envió una imagen de su hijo recién nacido a 2000 personas en su lista de contactos. Próxima parada… la generación de las *selfies*.

Escenas extremas

En la actualidad, el arte de la fotografía está al alcance de todos, ya que casi toda persona que tenga un teléfono móvil tiene acceso a una cámara digital. Se cree que cada año se toman trescientas ochenta mil millones de fotografías. Incluso, algunas personas arriesgan sus vidas para tomarse una *selfie* (259 personas murieron entre los años 2011 y 2017 intentando sacar su mejor toma). Además, las cámaras digitales de acción (como la GoPro) han permitido que las personas que practican deportes extremos se retraten a sí mismas realizando la aventura. Hoy, la *selfie* perfecta es un sueño posible gracias a una cámara aérea de bolsillo que utiliza tecnología de *drones* para apuntar donde sea necesario.

HAZLO TÚ MISMO

Antes de 1970, las computadoras eran máquinas comerciales enormes que se usaban para hacer cálculos complejos con rapidez. Recién en 1971 fue posible comprar una computadora para uso doméstico conocida como *computadora personal* (PC, Personal Computer), más pequeña y menos costosa. Sin embargo, comprar una computadora no era tan sencillo, dado que los primeros equipos eran difíciles de ensamblar.

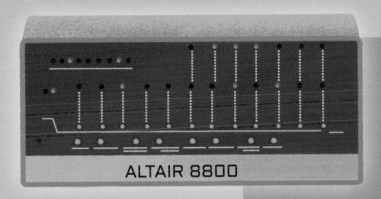

ALTAIR 8800

Pasatiempo

El primero de estos equipos para armar se llamaba Altair 8800, costaba 439 dólares, se promocionaba en la portada de la revista *Popular Electronics* y se hacía un pedido por correo electrónico para recibirlo. Sin embargo, el armado de este equipo implicaba también soldar, ensamblar y conectar piezas, por lo que estaba pensado para personas aficionadas a la electrónica. En lugar de una pantalla, contaba con luces LED que se encendían en respuesta a los comandos programados. Con el tiempo, se creó una versión ya armada para personas sin conocimientos técnicos que solo querían una computadora. Como pueden imaginar, se vendieron miles en tan solo un mes.

Empecemos por lo BÁSICo

Ante la necesidad de un nuevo lenguaje de programación, dos jóvenes informáticos brillantes crearon el Altair BASIC, de bajo costo, que se vendía con las computadoras. Estos jóvenes eran Bill Gates y Paul Allen, quienes crearon una de las compañías informáticas más famosas del mundo que, en un principio, se llamó *Micro-soft*, con guion. Sus primeros productos eran versiones del lenguaje BASIC, empleado en las primeras computadoras de uso doméstico, como la Apple II, pero esta historia continuará en la página 67.

BATIENDO RÉCORDS

Mientras algunas computadoras podían realizar varias tareas, otras se volvieron inmejorables en su tarea original: resolver cálculos a gran velocidad. Estas supercomputadoras, desarrolladas por el ingeniero Seymour Cray, aparecieron por primera vez en la década de 1960 y hoy se utilizan para múltiples propósitos, como en la investigación climática, simulaciones en el campo de la ciencia y la ingeniería, hallazgo de petróleo e, incluso, para la búsqueda de vida en otros planetas.

¿Qué es un FLOP?

La capacidad numérica de una supercomputadora se mide en FLOPS (operaciones de coma flotante por segundo), es decir, en el número de cálculos que puede resolver en un segundo. Así, un kiloFLOP, que es la velocidad a la que opera una computadora de uso personal promedio, equivale a 1000 FLOPS. Por ejemplo, una calculadora manual opera a 10 FLOPS aproximadamente. La computadora ASCI Red de Intel fue la primera en alcanzar la velocidad de un teraFLOP en 1997 (es decir, un millón de millones de FLOPS). En Tennessee existe una computadora que opera a 20 petaFLOPS, o 20.000 teraFLOPS.

En aumento

Las supercomputadoras son altamente veloces, lo que las hace GRANDIOSAS. Por lo general, se ven como armarios ubicados en fila en la pared de una habitación. Cada vez se crean supercomputadoras más y más rápidas, por ejemplo, la Sunway TaihuLight en China fue la más rápida del mundo durante dos años, hasta que fue superada por la Summit de IBM en 2018. En la actualidad, los científicos chinos están trabajando en la primera supercomputadora que operará a un exaFLOP, es decir... a un 1 seguido de ¡18 ceros!

VOLVER AL FUTURO

A veces, los avances tecnológicos responden a las necesidades que van surgiendo, mientras que, en otras ocasiones, los grandes descubrimientos se deben a las ideas innovadoras de las mentes brillantes. Increíblemente, algunos de los dispositivos electrónicos que existen hoy aparecían en el cine de ciencia ficción de las décadas de 1960 y 1970, mucho antes de que se volvieran realidad.

Anteriores a su época

Los fanáticos de *Star Trek* saben que esta serie está llena de increíbles objetos electrónicos futuristas que guardan una extraña similitud con la tecnología moderna. Por ejemplo, entre los más famosos se encuentran los comunicadores portátiles y los «relojes-teléfono», que fueron presagios de los *smartwatches* y *smartphones* actuales. Si observan con detenimiento, también encontrarán auriculares del estilo *bluetooth* (ver página 94), dispositivos de reconocimiento de voz, traducción automática (en la película de 1987) y tecnología táctil, ninguno de los cuales habían sido inventados aún.

Fuera de este mundo

En *2001: Una odisea del espacio* de Stanley Kubrick también aparecen objetos electrónicos de uso corriente en el siglo XXI, pero que no existían en el año 1968 cuando se estrenó la película. Por ejemplo, los personajes a bordo de la nave contaban con una tableta de pantalla plana para chequeos de diagnóstico y para ver televisión. Además, el argumento gira en torno a una supercomputadora que guarda una increíble similitud con los asistentes de llamadas de voz de hoy. Así, esta computadora llamada *HAL 9000*, (abreviatura de «computadora algorítmica programada heurísticamente») que está representada como un ojo rojo capaz de observar todo a su alrededor, es un buen ejemplo de inteligencia artificial, algo muy adelantado para la época.

ROBOTS Y MÁS ROBOTS

Existen distintos tipos de robots. Por un lado, están los que se ven como personas, llamados *androides*, y pueden programarse para caminar, levantar objetos, jugar, tocar instrumentos musicales, dibujar, escribir e incluso hablar o cantar. Por otro, existen muchos otros tipos de robots que no se parecen en nada a las personas y que son programados para realizar acciones repetitivas o peligrosas.

Robots en todas partes

Los primeros robots en ser utilizados eran máquinas simples con habilidades limitadas. Con el tiempo, han sido mejoradas para convertirse en máquinas más sofisticadas, con sensores que les permitían sonreír, hacer muecas y manipular objetos frágiles. Sin embargo, los robots aún se usan para resolver tareas más comunes, por ejemplo, los industriales se usan en fábricas para realizar acciones repetitivas. La compañía iRobot Corporation, fundada en Estados Unidos en 1990, gana millones de dólares al año vendiendo robots que limpian alfombras, pisos y piscinas.

Robots en el espacio

Enviar personas al espacio es costoso y peligroso porque deben llegar allí y regresar sanas y salvas en un determinado tiempo y necesitan comer, dormir, hacer ejercicio y usar el baño mientras están lejos de la Tierra. En cambio, los robots no necesitan nada de eso y pueden sobrevivir en condiciones más extremas. Por ejemplo, Curiosity es un robot explorador o astromóvil que fue enviado a Marte en 2011 para investigar el planeta y buscar señales de agua y microbios. Este robot cuenta con dos computadoras a bordo, diseñadas con circuitos especiales que pueden soportar la radiación del espacio exterior.

CAPÍTULO 3

UN ASUNTO PERSONAL

A medida que las computadoras se volvían más populares en el trabajo, todos querían tenerlas en casa también. Mientras tanto, las máquinas de videojuegos eran cada vez más famosas, por lo que captaron la atención de los desarrolladores de *software*. Las máquinas correctas, destinadas a las personas correctas a un precio correcto, podían convertirse en un gran éxito en el hogar. Poco a poco, más personas comenzaron a adquirir computadoras para sus hogares, para jugar videojuegos, usar procesadores de texto e, incluso, programar. La computadora personal o PC había llegado a la vida cotidiana.

アークテュロス

HOGAR DULCE HOGAR

Mary Allen Wilkes fue una de las primeras programadoras. Al principio, trabajaba con las enormes computadoras de IBM a fines de 1950, hasta que desarrolló el sistema operativo para la computadora LINC, que se considera una de las primeras microcomputadoras de uso personal, ya que era lo suficientemente pequeña para que Wilkes se la llevara a su casa para trabajar. Mary Allen Wilkes fue una de las primeras mujeres ingenieras que se abrió paso en la industria informática de 1960.

La infancia de las computadoras

La primera generación de computadoras diseñadas para uso personal data de 1970. La compañía RadioShack se basó en la popularidad de la computadora Altair 8800 (ver página 55) y en 1977 presentó una computadora armada, producida en masa, llamada *TRS-80*, que fue seguida de la *TRS-80 Color* en 1980 (conocida como *CoCo*), diseñada para conectarse a la televisión. Además, estas computadoras inspiraron al cómic *Tandy Computer Whiz Kids* para atraer la atención de un público de adolescentes aficionados a la informática.

La PC: una elección popular

En 1980, IBM presentó su primera computadora de uso personal, llamada Acorn, con la colaboración de Bill Gates y Microsoft. Esta computadora, que tenía 16 kilobytes de memoria y costaba más de 1500 dólares, fue la que originó el término *PC o computadora personal* y fue la primera de Apple con estas características. Finalmente, esta computadora recibió el nombre de *Apple II*, lanzada al mercado en 1977. Diseñada por Steve Wozniak, fue la primera sin un dispositivo de visualización monocromo, lo que explica el arcoíris de colores en el logo de Apple. Debido al enorme éxito de esta PC, la computadora fue nombrada «el hombre del año» (refiriéndose a la computadora) por la revista *Time* en 1982.

¡A JUGAR!

Algunas de las primeras computadoras se crearon para jugar. La primera consola de videojuegos fue Magnavox Odyssey, creada por Ralph H. Baer en 1972. Esta consola era como una caja blanca que se conectaba a la TV y tenía dos cables controladores para mover los puntos por toda la pantalla. Los juegos no tenían sonido y se activaban mediante una serie de tarjetas plásticas intercambiables que se fijaban en la pantalla de la TV. Si bien esta consola era bastante rudimentaria, fue un éxito rotundo que marcó el camino para sus increíbles sucesoras.

Un gran éxito

Los juegos de la Magnavox Odyssey estaban almacenados dentro de la unidad y se modificaban conectando placas de circuitos. Sin embargo, esto cambió con la llegada de Atari 2600, que tenía distintos juegos en cartuchos, y se volvió muy popular gracias a que incluía una versión del juego *Space Invaders* (Invasores del espacio), uno de los favoritos de las máquinas de videojuegos. Este juego, creado por Tomohiro Nishikado y fabricado por Taito en 1978, consistía en matar marcianos con un disparador fijo en la pantalla, que se desplazaba de lado a lado. La versión de Atari de *Space Invaders* se convirtió en el primer videojuego que logró vender más de un millón de copias.

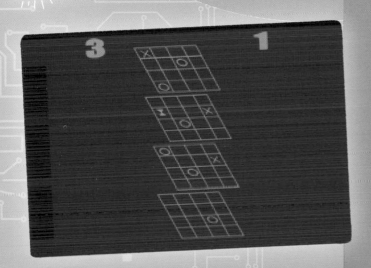

Juegos y más juegos

Debido al gran éxito de los videojuegos, su producción creció. La diseñadora Carol Shaw creó juegos que se volvieron muy populares, como la versión 3D del tatetí (tres en raya), que podía jugarse de a pares o contra la computadora en ocho niveles de dificultad. Además, Shaw creó la versión digital de otros juegos clásicos, como *Video Checkers* (las damas), *Othello* y *River Raid* (el más vendido), inspirado en el juego de disparador de las máquinas llamado *Scramble*. Poco después, los fanáticos de los videojuegos experimentaron un nuevo estilo de juego gráfico de aventuras, con la aparición de los juegos de búsqueda creados por Roberta y Ken Williams.

VIDEOJUEGOS EN CASA

La industria de los videojuegos ha recorrido un largo camino desde la consola *Magnavox Odyssey* (ver página 61), de la que se vendieron 350.000 unidades hasta que dejó de fabricarse en 1975. A diferencia de su antecesora, la consola Atari 2600 dominó el mercado a principios de 1980, pero no sobrevivió a la caída de ventas de 1983, generada por la creciente popularidad de las computadoras personales. Si bien en la actualidad la industria de los videojuegos es multimillonaria, en ese entonces, en los Estados Unidos, vio disminuidos sus ingresos en un 97%, por lo que necesitaba una idea innovadora para poner a la consola nuevamente en escena...

Atrápame si puedes

Esta idea innovadora vino acompañada de un erizo azul, un plomero y su hermano. Cuando Nintendo presentó su sistema de entretenimientos (NES), apuntó a un nuevo mercado, el de los juegos y juguetes. Así, los videojuegos no fueron solo para los aficionados a las computadoras. La plataforma de juegos *Super Mario Bros* de Nintendo se volvió atractiva y atrapante para todos, convirtiendo a Mario en un ícono mundial a fines de la década de 1980.
Mientras tanto, Sega, la competencia, creó a Sonic, el erizo, y los primeros juegos de fútbol en 1991, lo que marcó el comienzo de la tendencia de los videojuegos de deportes con licencia oficial.

Pensamiento creativo

El mercado de los videojuegos se había tornado muy competitivo, lo que marcó la necesidad constante de traspasar los límites y crear nuevas posibilidades. Así, la innovación llegó de la mano de la Xbox de Microsoft en 2001, que usaba un disco duro para guardar juegos, un puerto Ethernet para conectarse a Internet de banda ancha y la opción de jugadores múltiples con Xbox LIVE en 2002. Los últimos juegos Triple A de alto presupuesto llevan a las consolas al límite de su capacidad y tardan años en desarrollarse. En la creación de estos juegos participan artistas, programadores y *testers* a un costo de cien millones de dólares.

Haciendo historia

Consolas como la NES, la Nintendo 64 y la Mega Drive de Sega (también conocida como *Genesis*) usaban cartuchos para cargar de a un juego. Más tarde, Sony creó la PlayStation, que usaba CD y cautivó a los fanáticos de los videojuegos con sus chips gráficos mejorados, que creaban un escenario espléndido, pantallas más luminosas y personajes de gran tamaño. Esta consola (PS1) fue la primera en vender más de un millón de unidades, pero fue superada rápidamente por la PS2, que apareció en el año 2000 y se convirtió en la más vendida de la historia.

Las más vendidas

La Nintendo DS (2004) vendió más de 154 millones de unidades en sus distintas formas, por lo que fue la consola manual de juegos más vendida, mientras que la PlayStation 2 de Sony, era la consola familiar más vendida con más 155 millones de unidades en el mundo. En cuanto a las cinco versiones de PlayStation, la cifra de ventas es de 440 millones de unidades desde 1994, mientras que las versiones de Xbox de Microsoft ascienden a más de 150 millones de ventas desde 2001. Es un hecho que las consolas desaparecen rápidamente de las tiendas, ya que la PS4 vendió un millón de unidades en 24 horas en solo dos países, y la Xbox vendió la misma cantidad en 24 horas, pero en 13 países. Con 89 millones de unidades vendidas desde su lanzamiento en 2017, la Nintendo Switch, la consola híbrida, cuyas ventas se dispararon con la pandemia de coronavirus, va camino a convertirse en la consola de mesa más popular de la larga historia de éxitos y fracasos de Nintendo. Esta, que ya supera en ventas a la PlayStation 3 y a la Xbox 360, está a un paso de superar también a la Wii y a la PlayStation original, lo que la convertiría en la tercera consola más vendida de todos los tiempos. De todas formas, está claro que estas empresas jamás dejarán de sorprendernos.

TOMANDO NOTA

Si bien hoy damos por sentado todo lo que podemos hacer con una computadora, eso no siempre fue así. Hace no mucho tiempo, las personas imprimían fotografías y las guardaban en un álbum, jugaban juegos de mesa, llamaban por teléfono a sus amigos, escuchaban música en la radio y miraban sus programas y películas favoritas en la televisión. En ese entonces, las personas tampoco contaban con computadoras para trabajar, por lo que usaban máquinas de escribir para redactar cartas y ensayos, y calculadoras y libros para llevar la contabilidad de sus negocios. Estos métodos no cambiaron hasta la llegada de los procesadores de texto y las hojas de cálculo que se usaban muy fácilmente en las computadoras.

¡A escribir!

A diferencia de las computadoras, las máquinas de escribir no son automáticas ni están programadas. Las primeras procesadoras de texto fueron las máquinas de escribir eléctricas de IBM, que almacenaban información en cinta magnética, lo que le permitía al usuario editar el trabajo sin tener que empezar de cero una y otra vez. Además, estas máquinas podían conectarse a una impresora para obtener copias. Poco después, estas procesadoras de texto fueron reemplazadas por programas como WordStar y WordPerfect para computadoras, que además revisaban la ortografía de los textos.

Tan fácil como 1-2-3

La computadora Apple II, lanzada al mercado en 1978, fue la primera equipada con un procesador de texto y con VisiCalc, la primera aplicación de hojas de cálculo que revolucionó la contabilidad de las empresas. Otro *software* innovador que facilitó los cálculos e hizo que los libros y registros contables pasaran a la historia fue Lotus 1-2-3, creado en 1983. Como era de esperarse, estos paquetes de programas para oficina incrementaron la popularidad de las computadoras. En 1988, Bill Gates presentó Microsoft Office, utilizado actualmente por mil millones de personas alrededor del mundo, y que sigue en aumento.

JUEGOS MENTALES

En 1970, las computadoras ya superaban a los humanos en los cálculos, pero, ¿podrían superarnos en los juegos de estrategia, en los que hay que pensar y planificar con anticipación? Hans Berliner, profesor de informática y campeón mundial de ajedrez, decidió comprobarlo desarrollando programas de ajedrez y *backgammon* para computadoras, hasta que, en julio de 1979, uno de sus juegos venció al campeón mundial Luigi Villa.

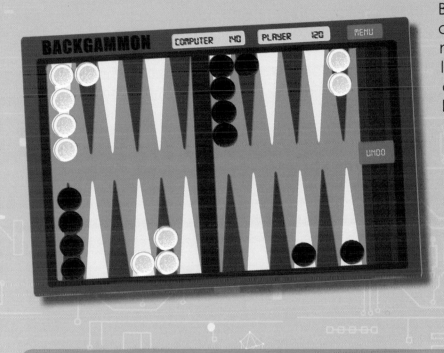

Los extremos no son buenos

Berliner se propuso estudiar los errores de las computadoras utilizando un nuevo método de programación llamado «logica difusa», que hoy es aplicado en la inteligencia artificial, la mejora del transporte y el diseño de máquinas automáticas (teteras eléctricas, lavadoras y aspiradoras). Este método tiene que ver con que, en general, las computadoras obedecen solo dos instrucciones, «sí» o «no», «verdadero» o «falso». Sin embargo, como no todo funciona de esta manera, los programadores utilizan la lógica difusa para que la computadora considere otras posibilidades.

Las computadoras dicen… ¡que comience el juego!

Con el tiempo, se crearon otros programas para lograr que las computadoras vencieran a los humanos en juegos como el Scrabble y las damas, o incluso en otros más complicados como el ajedrez (ver página 90) y el go, aún más difícil de programar. Los especialistas en inteligencia artificial trabajaron mucho para lograr que una computadora aprenda y piense de manera correcta, hasta que, en 2015, el programa AlphaGo de Google DeepMind demostró grandes avances y comenzó a ganarles las partidas a los jugadores profesionales de go.

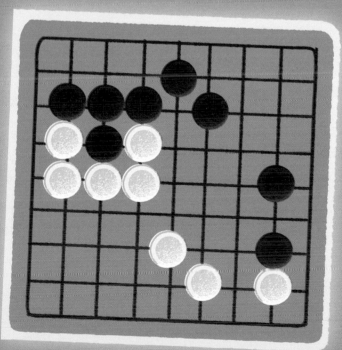

COMPARTIR ESTÁ BIEN

Tim Berners-Lee, un talentoso informático británico, quería encontrar la manera en que sus colegas pudieran intercambiar información. Para ello, era necesario diseñar un sistema, simple y sofisticado a la vez, que les permitiera a las personas intercambiar notas sin tener que enviar mensajes de correo electrónico todo el tiempo. Finalmente, Berners-Lee logró su cometido y cambió para siempre los sistemas de redes informáticos.

Estableciendo el vínculo

En los años ochenta, Tim Berners-Lee trabajaba en el Laboratorio Europeo de Física de Partículas Elementales (CERN) en Ginebra. Allí, desarrolló un programa llamado *ENQUIRE*, que les permitía a los investigadores compartir sus resultados, sus técnicas y sus ideas en un sistema de almacenamiento en línea al que se podía acceder en cualquier momento y desde cualquier lugar. Este *software* almacenaba información en archivos que tenían enlaces que los conectaban entre sí.

¿Hiper qué?

Con el tiempo, estos archivos se conocieron como *hipertexto*. En 1990, Berners-Lee propuso que los documentos de hipertexto funcionaran con Internet, utilizando un lenguaje de marcas de hipertexto (HTML) para mostrar los documentos. Así, al seleccionar enlaces especiales llamados *hipervínculos*, se podía llegar a otra página. En los hipervínculos, el texto está marcado con etiquetas que le indican a la computadora cómo mostrarlo (por ejemplo, en negrita, en mayúscula o en una tabla). Estos avances abrieron el camino para la llegada de la red mundial de computadoras (*World Wide Web*).

PIENSA DISTINTO

En 1976, un par de amigos llamados Steve Jobs y Stephen Wozniak crearon una nueva compañía llamada *Apple Computers Inc.* que, bajo el lema «piensa distinto», revolucionó el mundo de la informática. Los amigos, que se conocieron en Palo Alto, California, pronto descubrieron que a ambos les gustaba encontrar nuevas soluciones a problemas difíciles de resolver y, en 2001, su marca se convirtió en una de las más importantes del mundo. Tuvieron ideas realmente «distintas», como la computadora iMac, el iPod, el iPhone, la tableta iPad, el iCloud y el reloj inteligente iWatch.

Al principio...

En 1976, los dos Steves lanzaron al mercado su primera computadora, llamada *Apple I*, que costaba alrededor de 2800 dólares, lo que hoy equivale al doble del precio de una computadora Apple básica moderna. La Apple I, al igual que la Altair 8800 (ver página 55), venía en partes para armar, mientras que su sucesora, la Apple II (lanzada al mercado en 1977), se podía comprar ya armada, pero a un precio mayor que el del modelo anterior. Esta nueva versión de la Apple, equipada con la aplicación VisiCalc (ver página 64), incrementó las ventas de esta computadora en seis millones de unidades.

Una nueva visión

Las primeras computadoras Apple funcionaban con un lenguaje de programación basado en texto, con comandos que se ingresaban en la pantalla. Sin embargo, Jobs estaba interesado en un nuevo método, empleado en la computadora Xerox Alto, que contaba con teclado y *mouse* (ver página 69), y con imágenes en la pantalla que evitaban que los usuarios tuvieran que escribir en lenguaje informático. Basándose en este sistema, Jobs desarrolló los modelos Apple Lisa y Macintosh, cuyas pantallas se veían muy diferentes.

EN CASA

La computadora Apple II (ver página 67) estaba pensada para uso personal, por lo que sus competidoras eran otras computadoras que, además, podían usarse para jugar, programar y como procesadoras de texto. La popularidad de las computadoras de uso personal aumentó entre 1980 y 1990. Además, en estos años, los usuarios comenzaron a crear sus propios programas y grabarlos para compartirlos.

La más vendida

Una de las computadoras más vendidas fue un modelo Commodore 64, de la que se cree que se vendieron alrededor de 17 millones de unidades. Fue lanzada al mercado en 1982 y era más poderosa, más fácil de usar y de programar y menos costosa que otras. Además, funcionaba con el lenguaje de programación BASIC, tenía programas almacenados en cintas de casete y buena gráfica para juegos, por lo que los programadores desarrollaron miles de juegos que compartían de manera gratuita, solo para que sus nombres aparecieran en ellos.

Mal funcionamiento

Por supuesto, existieron otras computadoras de bajo costo destinadas a uso personal. En el Reino Unido, algunos ejemplos fueron la pequeña ZX81, con teclas de goma, que operaba solo en blanco y negro, y la ZX Spectrum, que podía conectarse a un televisor a color. Luego, estos modelos fueron superados por la Amstrad CPC (computadora personal a color), que tenía un puerto de entrada incorporado para ingresar discos y cargar programas. Sin embargo, en ese entonces, los usuarios tenían que esperar hasta cinco minutos acompañados de ruidos y luces para cargar un programa de 48K y, como si fuera poco, a menudo el proceso de carga fallaba y había que empezar de cero.

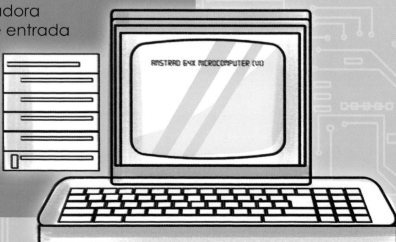

VENTANAS AL MUNDO

Desde 1960, los científicos están convencidos de que las computadoras pueden cambiar nuestras formas de trabajo. Los dueños de la compañía de fotocopiadoras Xerox fueron visionarios que siempre imaginaron un mundo con pantallas en lugar de copias. Por ello, en 1970 fundaron el Centro de Investigación de Palo Alto (PARC, por sus siglas en inglés) en California, donde los trabajadores tenían permitido soñar con ideas nuevas.

Echa un vistazo a la pantalla

Uno de los primeros inventos desarrollados en el PARC fue la computadora Xerox Alto, que era mucho más fácil de manejar para los usuarios comunes: las cajas y columnas se seleccionaban con el cursor del *mouse*. De eso se trataba el primer ejemplo de interfaz gráfica del usuario (GUI), similar a lo que conocemos hoy, que, además, inspiró a Jobs en el diseño de las computadoras Apple.

¿Es un WIMP?

Para lograr su nuevo objetivo, la compañía Apple contrató a una diseñadora gráfica llamada Susan Kare, la nueva encargada de diseñar los íconos y fuentes especiales que se verían en la pantalla. Por ejemplo, Kare creó algunas de las tipografías que conocemos hoy, como Chicago, Monaco y Geneva. Además, desarrolló algunos íconos aún vigentes, como el pincel, el reloj, la papelera de reciclaje y el ícono que aparece al momento de encendido *Happy Mac*. Algunos de estos elementos de la interfaz gráfica del usuario funcionan con WIMP (ventanas, íconos, menúes y punteros), como en el sistema Windows, creado en 1985, que usa elementos como botones, menúes desplegables y controles deslizantes para facilitar la navegación a través de la pantalla.

DISPOSITIVOS DE SALIDA

Las computadoras no son de mucha ayuda si no podemos ver los resultados de su trabajo, ya sea resolver un cálculo, escribir un informe o descargar un archivo. Mientras que, al principio, solíamos imprimir y publicar documentos, ahora los almacenamos y los enviamos de manera electrónica. Además, llevamos con nosotros los contenidos visuales y de audio a todas partes, por lo que los auriculares, por ejemplo, se volvieron esenciales.

¡Imprímelo!

Al principio, las impresoras eran ruidosas y de mala calidad, y la mayoría de ellas eran de matriz de puntos, es decir, de impacto: imprimían utilizando un número fijo de pines o cables para hacer marcas en papel. En general, funcionaban con hojas de papel con bordes agujereados que se insertaban en las ranuras de la impresora. Así, cada hoja impresa debía separarse de la pila de hojas y se debían cortar los bordes. A principios de 1970, la compañía Xerox desarrolló las primeras impresoras lásers, que funcionaban de manera similar a las fotocopiadoras y con una gran calidad en blanco y negro. Hoy en día, se considera que la mejor opción para imprimir fotografías en casa es una impresora de inyección de tinta.

¡Ármalo!

Con una computadora, podemos diseñar objetos tridimensionales a partir de un archivo digital, que luego es transformado en un modelo real por una impresora 3D, superponiendo capas y capas de material (por lo general, plástico o metal). La ventaja de las impresoras 3D es que permiten fabricar objetos complejos (desde una zapatilla deportiva hasta implantes médicos) sin desperdiciar grandes cantidades de material.

Música para mis oídos

La música que reproducimos sale por *headsets* (para los juegos), parlantes o auriculares. En cuanto a los auriculares, los primeros fueron inventados por Ernest Mercadier en 1891, para ser usados por los operadores telefónicos, mientras que los primeros auriculares que se colocaban por fuera de las orejas fueron inventados por Nathaniel Baldwin en 1910 para la Armada estadounidense. En 1958, John Koss revolucionó la manera de escuchar música con sus auriculares estéreo, que reproducían sonidos diferentes en cada oído. Más tarde, el éxito de estas piezas se disparó con la tecnología de cancelación del ruido desarrollada por Bose en el año 2000.

Servicio de transmisión

Hoy en día, los auriculares son un negocio millonario. Por ejemplo, la compañía Beats de Apple lanzó sus primeros productos al mercado en 2006 y, siete años después, ya habían ganado 1000 millones y medio de dólares. En 2001, el iPod de Apple marcó una nueva tendencia con sus distintivos auriculares, mientras que, en 2016 surgieron los AirPods, que aún hoy continúan siendo el accesorio más popular de la compañía y generaron una ganancia de 35 millones de dólares en 2018. Por otro lado, el primer servicio de suscripción data de 1890, en el que los clientes usaban auriculares sostenidos por un poste para llamar al operador telefónico que los conectaba con una obra teatral en vivo, por un pago anual de £5... ¡como una versión muy, muy temprana de Spotify!

AYUDA TÉCNICA

En la actualidad, las computadoras hacen que la vida de millones de personas alrededor del mundo sea más fácil y más divertida. Además, existen dispositivos especiales, como teclados y *mouses*, para personas con discapacidades motrices y disminución visual o auditiva. Por ejemplo, algunas computadoras reconocen la voz, lo que evita tener que utilizar el teclado para ingresar texto.

Sin límites

Chieko Asakawa perdió la vista a los 14 años y, desde entonces, ha dedicado su vida a hacer que la tecnología de la información sea accesible para las personas con disminución visual. En 1997, creó el programa Home Page Reader (lector de página de inicio) para IBM, un navegador web con voz propia para que las personas no videntes pudieran usar Internet y, tiempo después, desarrolló la aplicación aDesigner, un simulador de discapacidad que puede ayudar a los diseñadores a garantizar que las aplicaciones web y sus contenidos sean accesibles y utilizables por personas con discapacidad visual. Además, ella también desarrolló un procesador de texto para documentos en braille. Por otro lado, la informática Caryn Navy, no vidente, fundó la compañía Raised Dot para producir un *software* que pudiera trabajar con braille.

De gran ayuda

Existen más aplicaciones y dispositivos tecnológicos para facilitar la vida de las personas con discapacidad visual, como, por ejemplo, la aplicación para *smartphones* NavCog, para recorrer lugares desconocidos, que guía a la persona a través de instrucciones para desplazarse por el edificio e indica, por ejemplo, dónde están los ascensores o las escaleras. Por otro lado, los inventores están diseñando un guante sensible al tacto que permitirá que las personas no videntes o sordas puedan comunicarse de manera más fácil, y una camisa con sonido llamada *CuteCircuit*, que les permite a las personas sordas sentir la música en su piel.

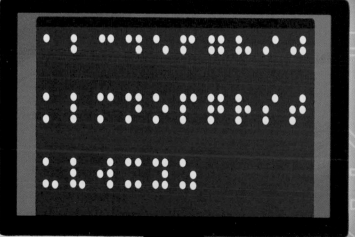

JUEGOS PARA TODOS

¿Quién ama los videojuegos? ¿Acaso se trata de un pasatiempo preferido por hombres? Si piensas que lo es, te sorprenderás al saber que, en el siglo XXI, casi la mitad de los aficionados a los videojuegos son mujeres, si contamos a los juegos en celulares y tabletas. Sin embargo, el número se reduce a un tercio si hablamos de juegos de computadora, y a un cuarto si pensamos en consolas de videojuegos, que son las preferidas del público masculino. Así, en el siglo pasado, los números eran más altos para los hombres, hasta que las compañías de videojuegos vieron la oportunidad de expandir su mercado.

Atrápame si puedes

La compañía japonesa Namco fue una de las productoras de videojuegos más importantes de la historia. Uno de sus juegos más famosos fue *Pac-Man*, en el que se usó un formato de laberinto lleno de lindos fantasmas como enemigos para atraer al público femenino. En su versión original para máquinas de juegos, *Pac-Man* tenía una música alegre, novedosa para el año 1980. Este juego tuvo un éxito increíble, y juntó más dinero que todos los demás, incluso más que el popular *Space Invaders*. Tal es así que, en 2010, Google cambió su logo a una versión interactiva de *Pac-Man*, que se cree que fue el favorito de más de mil millones de personas alrededor del mundo.

En movimiento

En 1989, las consolas portátiles como Game Gear de Sega y Game Boy de Nintendo dominaron el mundo. Para atraer nuevos jugadores, Game Boy se lanzó al mercado en una amplia variedad de diseños y motivos, lo que la llevó a vender 100 millones de unidades. Así, en 1995, Nintendo anunció que el 46% de los usuarios de Game Boy eran mujeres, un porcentaje mucho mayor que para otras plataformas, como las consolas de videojuegos.

MUNDOS VIRTUALES

El término «realidad virtual» fue empleado por primera vez en 1980 por el científico informático Jaron Lanier para describir un mundo simulado tridimensional que podemos explorar a través de la tecnología, con auriculares y guantes especiales. Si bien es una experiencia difícil de recrear, tiene muchas aplicaciones, por ejemplo, algunas son sobre medicina, deporte, arquitectura o entretenimiento. Entre ellas, la industria de los juegos ha invertido una fortuna para desarrollar nuevas formas de jugar que sean más atractivas.

Bienvenidos a mi mundo

En 2014, Facebook pagó 2000 millones de dólares para comprar Oculus VR, una compañía que cuenta con una amplia variedad de equipos de auriculares y micrófonos para usos diferentes. Por ejemplo, puedes ver la televisión o reunirte con amigos para ver eventos deportivos y recitales. El dispositivo de realidad virtual Oculus Rift sigue tus movimientos, tanto del cuerpo como de las manos, mientras viajas a lugares remotos o juegas con armas virtuales u objetos.

Echa un vistazo

El dispositivo más común para entrar en un mundo virtual es un *headset*, es decir, un tipo de auricular con micrófono incluido que usas en tu cabeza como una vincha. El sistema de representación visual empleado en estos dispositivos está inspirado en el sistema LEEP (*Large Expanse Extra Perspective*, o Perspectiva Óptica Mejorada de Extensión Larga), desarrollado en 1979 por Eric Howlett para la NASA. Este sistema marcó el camino para el uso de imágenes de gran alcance en las atracciones de parques de diversiones, al igual que los *headsets VR* de Sega, usado en las máquinas de juegos SegaWorld.

Entra en el juego

El guante DataGlove se creó originalmente como un dispositivo de entrada que se conectaba a las computadoras para rastrear los movimientos del usuario. Al principio, este magnífico guante se usaba en videojuegos, para controlar computadoras y hacer cirugías remotas. En 1989, VPL Research, la compañía de Jaron Lanier, lo transformó en el controlador Power Glove para el sistema Nintendo, que contaba con algunos botones en el brazo y otros especiales para cambiar la configuración, lo que le permitía al usuario controlar con sus movimientos de brazo a un personaje en la pantalla.

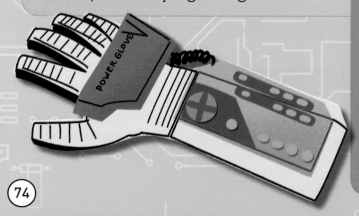

De viaje

La realidad mixta combina el mundo virtual y el real por medio de un visor que se coloca en la cabeza, como el HoloLens de Microsoft, que le permite al usuario hacer recorridos virtuales, jugar juegos de aventura y ver y mover objetos tridimensionales, ideal para el entrenamiento de médicos, ingenieros, soldados y diseñadores. Por otro lado, un proyecto similar llamado *Lunatick*, desarrollado en 2019 por una científica de la Universidad Yale, Priya Natarajan, y el artista ganador del Premio Turner, Antony Gormley, combina ciencia y arte, y le permite al usuario experimentar una caminata lunar, pasando por la aurora boreal en el camino.

Del piso al techo

Algunos entornos de realidad virtual tienen el tamaño de una habitación. Un ejemplo de ellos es el sistema CAVE (*Cave Automatic Virtual Environment*) que fue desarrollado para expandir las posibilidades de los visores que se colocan en la cabeza. Este sistema es un entorno de realidad virtual inmersiva, que consiste en una sala en forma de cubo en la que hay proyectores orientados hacia las diferentes paredes, suelo y techo, y en el que más de una persona pueden compartir la experiencia, caminando alrededor de una imagen para verla desde todos los ángulos. El CAVE fue desarrollado en la Universidad de Illinois a principios de 1990 y se puede utilizar para probar productos y hacer investigaciones.

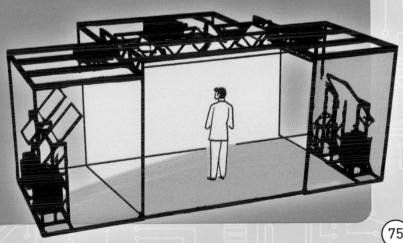

OTRO CÓDIGO

Los códigos de barra fueron inventados por Norman Woodland, un empleado de IBM, entre 1950 y 1960. Estos, de uso corriente en la actualidad, se utilizan para identificar cada producto con un código único que muestra el precio en un patrón de líneas blancas y negras (en el que cada número es un formato diferente de siete líneas), para facilitar el control de las ventas y de la mercadería. El primer producto escaneado fue un paquete de goma de mascar en 1974.

Léelo como quieras

Lo que hace maravillosos a los códigos de barra es que las computadoras los pueden interpretar, sin importar la forma en la que se escaneen. Así, se evita la confusión entre los números (por ejemplo, un 8 puede interpretarse como un 3, o un 6 como un 9 si está al revés). Sin embargo, un código de barras contiene un código que puede ser leído por una máquina en solo una dimensión, de lado a lado. En 1994, la compañía japonesa Denso Wave inventó un código en dos dimensiones, capaz de almacenar mayor cantidad de información y que se puede leer desde cualquier ángulo: el código QR (*Quick Response*, o de respuesta rápida).

Diseño especial

Para el año 2002, los códigos QR ya eran muy populares, gracias a los teléfonos móviles que podían leerlos. Estos códigos se pueden usar para leer cupones, recetas, información nutricional, ver tutoriales en video y descargar tiques electrónicos, así como también para acceder a un sitio web. Además, existe un nuevo formato de este código llamado *FrameQR*, con imágenes y letras en el medio cuyo diseño puede ser cambiado por el usuario para hacerlo más atractivo.

CAPÍTULO 4

CONECTÁNDONOS

En 1980, muchas personas ya tenían computadoras y consolas de videojuegos en sus hogares. Entonces, el siguiente paso era conectar a todos los usuarios para que pudieran intercambiar información, opiniones y demás. La solución llegó de la mano de Internet y la red mundial de computadoras (*World Wide Web*), con el correo electrónico y la posibilidad de compartir archivos, además del surgimiento de microprocesadores mucho más rápidos que facilitaron estos procesos. Tiempo después, en la década de los noventa, apareció Google con sus resultados encontrados en una fracción de segundo.

¿CUÁL ES LA DIFERENCIA?

Si bien se cree que Internet y la red mundial conocida como «WWW» (*World Wide Web*) son lo mismo, en realidad, no lo son. Mientras que por un lado Internet, que no fue inventada por nadie en particular (ver páginas 88 y 89), es la conexión física entre computadoras; por el otro lado, la red mundial, que es lo que nos permite navegar a través de páginas web, sí tuvo un brillante inventor.

Para algunas acciones, como, por ejemplo, enviar un mensaje de correo electrónico o hacer una llamada telefónica, usamos Internet sin usar la red mundial.

Abriéndonos al mundo

El genio inventor de la red mundial fue Tim Berners-Lee (ver página 66), quien propuso la idea en 1989 al conectar los primeros sitios web entre sí. En ese momento, Berners-Lee trabajaba en Suiza en la Organización Europea para la Investigación Nuclear, donde desarrolló el *software* para el primer servidor web (un punto central para compartir los archivos) y el primer cliente web (o navegador, que es el programa que se necesita para acceder a los archivos). El primer sitio web fue «info.cern.ch», que apareció en línea el 20 de diciembre de 1990 y contenía instrucciones en HTML y algunos consejos para crear una página web. Si quieres, aún puedes ver cómo se veía en http://info.cern.ch/hypertext/WWW/TheProject.html.

Un sitio más seguro

Si bien, en la actualidad, la red mundial es un gran éxito, la fama tardó en llegar, ya que, por ejemplo, en 1993, aún había solo 130 sitios web en todo el mundo. Por supuesto, como sabemos, la red se expandió enormemente desde entonces. Hoy en día, existen más de mil millones de sitios web, aunque menos de un tercio están actualizados y en uso. Es por eso que Berners-Lee lucha por una red más segura y con más derechos, para que más personas puedan acceder a ella.

CON LA MIRADA EN EL CIELO

En 1990, los científicos lanzaron una increíble pieza al espacio, alrededor de 550 km por encima de la Tierra: el telescopio espacial Hubble. Increíblemente, este telescopio envía a la Tierra 200 gigabytes de información cada semana, dado que su posición en el espacio le permite observar y grabar imágenes sin interferencias, a diferencia de los telescopios con base en la Tierra, que están mediados por la atmósfera, lo que puede afectar la calidad de las imágenes.

Equipo de computadoras

Para construir el telescopio Hubble, se usó una computadora especial a bordo, la DF-224, que fue sustituida por un procesador Intel, 20 veces más rápido, en 1999. El Hubble, aunque cuenta con un archivo de imágenes de más de 150 terabytes (1 trillón de bytes), no funcionará para siempre, ya que la NASA ha creado a su sucesor: el telescopio espacial James Webb. Este nuevo telescopio está equipado con un sistema de computadoras a bordo para controlar la posición y la dirección de la nave, seguir el rastro de las estrellas y almacenar y enviar información a la Tierra.

Echa un vistazo

El telescopio Hubble captura imágenes con cámaras digitales, que funcionan solo en blanco y negro, por lo que los astrónomos hacen varias tomas usando diferentes filtros (por lo general, en rojo, azul y verde) y las superponen para obtener una imagen multicolor. El resultado final, al igual que esta imagen de la nebulosa Helix (que está a aproximadamente 650 años luz de distancia), es una buena imitación de cómo se verían los astros si pudiéramos verlos de cerca en el espacio.

PENTIUM INSIDE

Un microprocesador (ver página 48) es un circuito integrado que contiene las funciones principales de la CPU (unidad de procesamiento central, por sus siglas en inglés), que es el motor que se inicia cuando enciendes la computadora. La CPU es como un pequeño microchip con varias funciones, que controla la computadora del mismo modo que el cerebro controla el cuerpo. La primera fue creada por Intel en 1971, pero era muy limitada si la comparamos con los chips que se crearon más tarde.

¡A jugar!

Mientras que estos primeros chips tenían menos de un millón de transistores, en 1993, Intel desarrolló un primer microprocesador, *Pentium*, que contaba con 3,1 millones de transistores y funcionaba a una gran velocidad. Además, este microprocesador soportaba una gráfica y música de mejor calidad en las computadoras, ideal para los *gamers*. Al mismo tiempo, se creó el sistema operativo MS-DOS de Microsoft (ver página 96), que permitía descargar una gran variedad de juegos a la PC, que se cargaban desde CD-ROM, aunque había que dejar de jugar para cambiar los discos a medida que se avanzaba en el juego.

A pasos agigantados

Como todo en informática, los microprocesadores mejoraron a pasos agigantados. Por ejemplo, el chip A8 de Apple para el iPhone 6 de 2014 tenía 2000 millones de transistores. En la actualidad, los científicos están intentando desarrollar microprocesadores cada vez más pequeños y más rápidos reemplazando los cables por láser, para que la información viaje a la velocidad de la luz. Entre ellos, los científicos de Hewlett-Packard están trabajando en una nueva forma de chips, llamados *memristores* que, además de ser microprocesadores del tamaño de una uña, podrían almacenar grandes cantidades de información cuya duración sería mayor a un año de video de alta definición.

UN MUNDO APARTE

La República Popular China estuvo desconectada de Internet hasta 1994, cuando la informática Hu Qiheng, quien era la vicepresidenta de la Academia China de las Ciencias, habilitó su uso. Curiosamente, en la actualidad, este país tiene el mayor número de usuarios de Internet en el mundo, alrededor de mil millones a fines de 2010, que se conectan para usar redes sociales, hacer compras y «chatear».

Prohibido *googlear*

En China, el Gobierno es quien controla Internet y restringe el acceso a algunos sitios web. Este país tiene sus propios proveedores para hacer compras y usar redes sociales, además de contar con sus propios motores de búsqueda, por lo que, por ejemplo, si bien el navegador Bing funciona, el motor de búsqueda y el servicio de cartografía web principal allí es Baidu, ya que Google y sus plataformas asociadas (como Chrome y Google Mail) están bloqueados oficialmente desde 2014

Conversemos… ¡y hagamos algunas compras!

Las personas de China aman «chatear» en línea tanto o más que las personas de otras partes del mundo. Ellos tienen a Weibo para «bloguear» y «chatear», y usan WeChat para mensajería, redes sociales y pagos en línea. El simpático pingüino de QQ (un equivalente chino de Facebook) está en todas partes, ya que el sitio es el séptimo más visitado en el mundo, con más de 900 millones de usuarios activos. Además, el comercio electrónico en este país, que es el más habitado del mundo es, como era de esperarse, enorme, por lo que Alibaba es la plataforma comercial más grande del mundo (aun más grande que eBay y Amazon juntos).

EL JUEGO DE LA VIDA

Los años ochenta se caracterizaron por una moda y peinados únicos, además del cubo Rubik, los CD y una nueva generación de videojuegos: los de simulación. En esta nueva experiencia, los usuarios podían convertirse en corredores de carrera o de motocicletas BMX, deportistas famosos o pilotos de guerra. Cuando ya habían tenido suficiente, podían retirarse a su propia granja o atrapar un pez virtual... ¿volverían al ruedo luego de estos descansos?

Un gran éxito

El juego de carreras *BMX Simulator* fue un gran éxito desde que apareció en el mercado en 1986. Sus creadores, los hermanos británicos Philip y Andrew Oliver, pensaron que sería fabuloso jugar a ser piloto del *Grand Prix*, por lo que trabajaron horas y horas con una sola computadora personal para programar el juego. *BMX Simulator* vendió más del doble que otros juegos de la época y lanzó a los hermanos a la fama, para que después continuaran creando otros juegos de simulación, como de ski, de peleas, de boxeo, entre otros. Sorprendentemente, los hermanos Oliver tenían cinco juegos en el top 10 de los más vendidos y sus ventas representaban el 7% de todos los juegos en el Reino Unido.

Ganar en la vida

En poco tiempo, se crearon más y más juegos de simulación sobre diferentes temáticas. Por ejemplo, los jugadores podían participar en grandes eventos deportivos, tomar un arma y entrar a un campo de batalla o construir una ciudad desde cero. Uno de estos juegos de simulación es *SimCity*, desarrollado por Will Wright en 1989. Si bien este juego fue un éxito, en un principio, no se creía que llegara a ser tan popular, debido a que no se podía ganar ni perder. Lo cierto es que *SimCity* fue uno de los favoritos del público, por lo que se crearon varias versiones, como *The Sims* (en el que había que recrear la vida cotidiana de los personajes).

Se siente como volar

Las simulaciones recreadas con computadoras no solo se usan para jugar. Por ejemplo, las aerolíneas las usan para entrenar a su tripulación para manejar situaciones de emergencia, como incendios del motor, humo en la cabina y otras fallas. La imitación se logra colocando la nave sobre cilindros para que, al moverse, simulen la sensación de volar. Además, estos simuladores de vuelo se usan para que los pilotos practiquen el despegue y el aterrizaje.

Habilidades de gran valor

La simulación se usa para entrenar a muchos profesionales de distintas áreas y para mejorar sus prácticas, por ejemplo, a los operarios de grúas y remolques, para que aprendan a hacer los movimientos precisos sin poner en riesgo la carga. Por otro lado, los simuladores PoliceOnc ofrecen entrenamiento virtual en el campo de batalla, experiencias con armas de fuego y prácticas para conducir vehículos, mientras que la simulación en el entrenamiento quirúrgico emplea un programa informático para poner a prueba habilidades clínicas y técnicas, sin correr el riesgo de dañar a un paciente real. Pero, ¡cuidado!, este simulador no debe confundirse con el juego *Surgeon Simulator*, en el que el usuario toma el control de las manos temblorosas de Nigel Burke, quien se está preparando para ser cirujano.

SI NO ES REAL, QUE NO SE NOTE

Existen programas especiales para crear imágenes en movimiento, conocidas como *imágenes generadas por computadora* (o CGI, de *Computer Generated Imagery*), que aparecen en todas partes, como en el cine y la televisión, en videojuegos, realidad virtual y parques de atracciones, y que se usan con varios propósitos, como para investigación y educación, entre otros. Estas imágenes con movimiento pueden ser tan simples como un GIF animado, o tan complejas como los animales de África y la escenografía que aparecen en la nueva versión de Disney de *El rey Léon* de 2019.

Desde la pantalla

Las primeras CGI se hacían con computadoras con muy poca memoria, como los efectos especiales en la película original *Tron* de 1982, que se crearon en computadora de 2 MB de memoria. Otros ejemplos primitivos son los planos generados en computadora por Larry Cuba de la «Estrella de la Muerte» para la película *La guerra de las galaxias* de 1977. Para lograr las líneas blancas y negras de esta estación espacial, se hicieron 2000 tomas y así lograron alcanzar un minuto de rodaje que se ve extremadamente básico ante los ojos de un espectador del siglo XXI.

Haciéndolo real

Varias imágenes recreadas por computadora parten de un modelo digital de un objeto o personaje, que se usa para recrear el movimiento real. Luego, para rellenar la superficie se le agregan texturas y sombras hasta que, finalmente, el personaje debe ser colocado en escena con iluminación y escenografía. Así, se crean varias texturas utilizando algoritmos que producen patrones repetidos, conocidos como *fractales*, que pueden simular plumas, piel, cabello, follaje, montañas, fuego, lava, agua y hielo.

Mucho tiempo

En la década de los noventa, las imágenes recreadas por computadora ya eran más parecidas a las que conocemos hoy, por ejemplo, las de la película *Jurassic Park*, en la que se usó una gran variedad de *software* para recrear a los enormes reptiles prehistóricos, ponerlos en movimiento y hacer que sus pieles parecieran reales. Aún con la ayuda de computadoras más rápidas y potentes, las CGI dan mucho trabajo, por ejemplo, en el caso de la película ya mencionada, se tardó un año para lograr cuatro minutos de grabación de un dinosaurio caminando, mascando o persiguiendo una presa. Otro ejemplo es *Toy Story*, de 1995, en la que trabajaron 27 animadores para hacer más de 400 modelos en computadora y para programar cada movimiento de cada personaje. Por ejemplo, Woody tiene 723 modelos animados, de los cuales, 212 son solo de su rostro y 58 de su boca. Así, para lograr 8 minutos de grabación, se necesitaba aproximadamente una semana.

En movimiento

Para lograr que los movimientos de los personajes se vean reales en la pantalla, se utilizan tecnologías de captura de movimientos (*mocap*), con las que los movimientos de humanos o animales se graban digitalmente y se diseñan con *software* para crear imágenes 3D. Esta técnica se empleó en la película *Avatar* y en el videojuego *Assassin's Creed*, pero lo que hizo que esta tecnología se vuelva famosa a principios de este siglo fue el traje que usó el actor Andy Serkis para representar a Gollum en *El señor de los anillos*. El próximo desafío de esta tecnología es lograr una persona animada que se vea tan real como sea posible.

JAVA Y JAVASCRIPT

A medida que las computadoras se usaban para más y más tareas e Internet ampliaba las posibilidades de interacción y de intercambio de información, se necesitaron más avances en programación, ya que había que crear nuevos lenguajes para cumplir con los nuevos desafíos. Además, la llegada de los *smartphones* también pedía a gritos nuevos programas más simples, breves y eficaces.

El padre de Java

Las primeras páginas web se crearon con textos en lenguaje HTML para indicarle a la computadora cómo mostrarlas. Con el tiempo, estas páginas se volvieron más complejas en cuanto al diseño y la posibilidad de ser editadas por el usuario, para lo que se necesita Java, un lenguaje de programación para aplicaciones de Internet que fue desarrollado por James Gosling en 1995. Java funciona como una especie de «enchufe» que les permite a otros programas tener otras funciones que no podían ejecutar por sí mismos. Este lenguaje se utiliza, por ejemplo, para crear juegos que funcionen en *smartphones*.

No es lo mismo

Otro lenguaje que permite que los programas funcionen en un navegador web es JavaScript, que también fue creado en 1995 por el desarrollador web Brendan Eich, pero que no está vinculado a Java. Javascript es un lenguaje bastante simple, pero fundamental en la red. Integrado al lenguaje HTML, permite que se abran otras ventanas mientras estamos navegando o chequear que hayamos completado un formulario con todo lo requerido de manera correcta, como la dirección de correo electrónico. Tanto Java como JavaScript se pueden desactivar, dado que están asociados a riesgos de seguridad.

INFORMACIÓN A TU ALCANCE

Si tuvieras que responder la pregunta «¿qué palabra se votó como la más útil de 2002 y fue agregada al diccionario en 2006?», ¿qué dirías? Aquí tienes una pista: si no sabes una respuesta, ¿qué haces para encontrarla? Si lo primero que piensas es «la googleo», ya sabes la respuesta. El verbo *googlear* se refiere a «usar el motor de búsqueda Google para obtener información en la web».

Pistas en imágenes

En 2016, Larry Page y Sergey Brin aparecían en los puestos número 12 y 13 en el ránking de las personas más ricas del mundo, lo que no está nada mal para ellos, que comenzaron su negocio en el garaje de su amiga Susan Wojcicki (quien ahora maneja YouTube). A Larry Page le encantaba inventar ideas nuevas, por ejemplo, antes de Google, había construido una impresora a inyección de tinta, ¡con ladrillos Lego®! Los tan famosos *doodles* de Google fueron inventados en 1998, cuando Page y Brin estaban en un recital de música y se les ocurrió rediseñar un divertido logo para que la gente supiera que estaban de paseo.

Quien busca, encuentra

En 1996, los estudiantes de informática Larry Page y Sergey Brin inventaron un algoritmo al que llamaron *PageRank*, que clasificaba a las páginas web según el número de hipervínculos que tenían con otras páginas. Así, el motor de búsqueda que habían creado se llamó *BackRub* en un principio, pero luego su nombre cambió a *Google*. En la actualidad, la compañía es considerada una de las «cuatro grandes» de la tecnología, junto con Apple, Amazon y Facebook. Además, Google.com es el sitio web más visitado del mundo.

CONECTANDO AL MUNDO

Gracias a Internet, millones de personas alrededor del mundo pueden mantenerse en contacto, compartir información y ver y escuchar los mismos espectáculos sin importar dónde estén. Internet creció más rápido que ninguna otra tecnología de la comunicación ya que, en 1995, 16 millones de personas (el 0,04% de la población mundial) tenían acceso a Internet, mientras que, en 2018, las cifras aumentaron a 3,5 mil millones de personas (alrededor de la mitad de los habitantes del planeta).

De a partes

La idea de crear una red global de computadoras comenzó en 1960, hasta que, en 1970, llegó la ARPANET (ver página 53) con la idea de movilizar información en bloques, conocidos como «paquetes», lo que luego se convirtió en la Internet de alta velocidad que conocemos hoy. Estos paquetes pueden tomar caminos diferentes para encontrar la forma más rápida de llegar a destino, donde encajan perfectamente como piezas de un rompecabezas. En este recorrido, un paquete de datos pasa por distintos *routers* y, si es necesario, cambia su rumbo para aumentar la velocidad.

Transmitiendo información

Internet es una mezcla de *hardware* y *software*. El *hardware* incluye *routers* y servidores, cables, satélites, computadoras y teléfonos, que son los puntos de acceso. Por otro lado, todo el *hardware* necesita reglas o protocolos para poder comunicarse, y de eso se encarga el *software*. La maravilla de Internet tiene que ver con que puede utilizarse para transportar información a cualquier parte, mientras sea transformada en datos. Por ejemplo, así es como funcionan las videollamadas, es decir que si se puede escribir el código para hacer que la aplicación haga el trabajo, Internet se encargará del resto.

La Internet de las cosas

El hecho de que todo tipo de dispositivos puedan conectarse a la red ha generado un nuevo concepto llamado *la Internet de las cosas* (en inglés, *the Internet of things* o *IoT*). Cada día se crean más dispositivos inteligentes para compartir información, desde sensores para hornos a sistemas de irrigación y hasta un sistema de cobro para los peajes. Incluso los juguetes se pueden conectar a Internet, como la muñeca «Mi amiga Cayla», que busca respuestas en línea para mantener una conversación con su dueña. Sin lugar a dudas, los utensilios inteligentes para el hogar (ver página 104) también son parte de la *IoT*, pero hay grandes cantidades de sistemas por fuera del hogar que se benefician de la conexión, incluyendo los monitores de salud remotos, sensores en puentes y vías, señales de tránsito y cámaras de seguridad, por ejemplo.

Al alcance de todos

Si bien Internet parece invisible, en realidad es algo tangible y físico, constituido por miles de kilómetros de cables que van por debajo del mar. Semejante alcance global parece difícil de regular, pero ¿quién establece las reglas y vigila que se cumplan? ¿Estará bien que el Gobierno controle lo que vemos? Tim Berners-Lee (ver página 66) creó la Fundación *World Wide Web* para luchar por una Internet más justa y al alcance de todos, que sea «un bien público que pone a las personas primero», en la que «se respete la privacidad para que las personas puedan usarla libremente, de manera segura y sin ningún temor».

HUMANO VERSUS MÁQUINA

Los humanos vemos a las computadoras como nuestras aliadas, pero, si son tan inteligentes, ¿podrían vencernos? Lo cierto es que no hay tiempo de debatirlo porque ¡ya lo han hecho! En 1997, una computadora llamada *Deep Blue* venció al campeón de ajedrez Garry Kasparov, lo que tomó a todos por sorpresa. Kasparov ya había jugado contra Deep Blue el año anterior, ¡y también había perdido contra la máquina! Luego de su doble derrota, Kasparov acusó a IBM de haber hecho trampa con la computadora.

La unión hace la fuerza

La victoria de Deep Blue no fue la única, ya que, a partir de entonces, las computadoras se volvieron más poderosas y capaces de vencer a los mejores jugadores de ajedrez del mundo. En la actualidad, existen equipos mixtos de humanos y computadoras que compiten entre sí… si no puedes contra tu enemigo, ¡únete a él!

Un gran secreto

Si bien las computadoras hoy ganan de manera justa, no siempre fue así. La primera máquina jugadora de ajedrez, conocida como «el Turco», fue creada por Wolfgang von Kempelen hace alrededor de 250 años. Esta máquina sorprendió a todos y venció a grandes figuras, como Napoleón Bonaparte y Benjamin Franklin, hasta que se descubrió que ocultaba un gran secreto: un talentoso ajedrecista estaba escondido dentro de la máquina para controlar los brazos del «robot» jugador.

MAESTROS DE LA MÚSICA

Hoy por hoy, se crea mucha música por medio de computadoras y se reproduce como archivos MP3. Los artistas utilizan un *software* especial para grabar y producir canciones, para probar y mezclar música y hasta para dar a conocer su trabajo y compartirlo con las grandes masas en las redes sociales… Sin la ayuda de YouTube, el mundo nunca hubiera conocido a Justin Bieber.

Al ritmo de la música

A finales de la década de 1990 aparecieron nuevas máquinas de juegos con música para bailar. Por ejemplo, los juegos como *Dance Dance Revolution* y *Beatmania* creados por la compañía japonesa Konami, son aún muy populares y se pueden jugar en máquinas y en los hogares. Estos juegos musicales alcanzaron el éxito inmediatamente, y fueron elegidos por millones de personas alrededor del mundo. Para jugar, tienes que marcar el ritmo con tus pies, saltar sobre cuatro flechas siguiendo la música o usar una plataforma giratoria para mezclar la canción perfecta. Con el tiempo, aparecieron más juegos de este estilo, como *Pump It Up*, *Guitar Freaks* y *Drum Mania*.

Más lugar para la música

El tipo de archivo de audio más común es el formato MP3, que emplea un algoritmo que comprime los archivos para almacenar más información en poco espacio. Por ejemplo, un minuto de canción en un CD ocupa alrededor de 10 MB, mientras que un minuto de duración en formato MP3 ocupa solo 1 MB. Esto se logra gracias a la compresión de datos con pérdida, que elimina sonidos que apenas se oyen, sin afectar la calidad.

OBSERVANDO EL ESPACIO

La Estación Espacial Internacional (ISS, por sus siglas en inglés), una de las grandes maravillas de la tecnología moderna, se creó en 1998 y está habitada desde el año 2000 por seis astronautas que se dedican a investigar mientras orbita la Tierra a una distancia de entre 330 a 435 km de altura. Los programas a bordo de la estación tienen 5,1 millones de líneas de códigos informáticos, mientras que, en la base en la Tierra, hay 1,8 millones de códigos.

Información veloz

La ISS es el objeto de mayor tamaño construido por el ser humano que se lanzó al espacio. Además, es el más costoso, ya que, para su fabricación, se invirtió la suma de 120 mil millones de dólares. Del tamaño de una pista de atletismo, la ISS gira alrededor de nuestro planeta cada 90 minutos a una velocidad de 8 km por segundo. Los astronautas a bordo de esta nave tienen alrededor de 100 *laptops* para trabajar que, en un principio, funcionaban con Windows, pero luego cambiaron al sistema operativo llamado *Debian Linux*, que es más seguro.

No tan lejos

Curiosamente, las computadoras pueden infectarse con un virus aun estando a miles de kilómetros de distancia de la Tierra. El primer caso fue un gusano informático que apareció en la *laptop* de un cosmonauta ruso, que se diseminó debido al robo de claves para videojuegos en la Tierra.

El primer astronauta en enviar un *tuit* desde la estación espacial fue Tim Kopra en 2009: «Estén atentos para oír por medio de *tuits* lo que el espacio tiene para decir». Los mensajes de Kopra fueron transmitidos a la base y publicados en Twitter desde la Tierra.

CAPÍTULO 5

LA TECNOLOGÍA EN LA ACTUALIDAD

El ritmo de desarrollo de las computadoras y de la tecnología digital ha superado límites impensados. Dieciséis años antes de la aparición de la PC, ya existían 50 millones de personas que las usaban, mientras que Internet solo tardó cuatro años en alcanzar los 50 millones de usuarios del público general. Hoy, podemos crear microprocesadores del tamaño de una partícula de polvo, hacer personas virtuales que parecen reales y colocar microchips en prótesis… ¿Con qué nos sorprenderá la tecnología en el futuro?

TECNOLOGÍA SIN CABLES

En 1971, se logró conectar de manera inalámbrica varias computadoras que estaban en diferentes islas de Hawaii. Conocida como *ALOHAnet*, fue la primera red que usó frecuencias radiales en lugar de cables. En la actualidad, usamos la conexión inalámbrica de diversas maneras, como la tecnología *bluetooth* y wifi. Esta conexión se emplea hoy en día para la televisión satelital, los controles remotos, los teclados inalámbricos y los monitores para bebés.

Con la grandeza de un rey

La conexión *bluetooth*, desarrollada en 1989 para los auriculares inalámbricos, es una excelente manera de intercambiar información en distancias cortas, por medio de ondas de radio. *Bluetooth*, cuyo nombre proviene del rey danés Harald Bluetooth, quien unió varias tribus en un solo reino, permite que dos dispositivos se conecten entre sí. El logo azul que todos conocemos proviene de los símbolos rúnicos para la H y la B (las iniciales del rey) entrelazados.

Donde sea que estés

La tecnología wifi también funciona con ondas para enviar información. Si bien la mayoría de la gente cree que que wifi proviene de *wireless fidelity* (fidelidad inalámbrica), el nombre de la red no tiene ningún significado en sí, sino que se eligió ese nombre porque sonaba pegadizo. La conexión wifi usa ondas de radio en lugar de cables para conectarse a Internet de banda ancha, por medio de un transmisor (también conocido como punto de acceso inalámbrico, o *Wireless Access Point*) que envía y recibe información. Gracias a esta red, podemos conectarnos desde cualquier parte, como cafés, aeropuertos, hoteles, escuelas y trenes; solo tenemos que buscar el símbolo para encontrar wifi.

ECHA UN VISTAZO

Si bien pasamos horas ante las pantallas «chateando» con nuestros contactos y jugando nuestros juegos preferidos, ¿nos damos cuenta de las veces que echamos un vistazo a nuestros *smartphones*? Aunque la informática tiene la reputación de ser una ciencia seria o un pasatiempo para mentes brillantes, hay mucha diversión detrás de los gusanos y colas de mono (ver página 43). ¡Sigue leyendo para descubrir más acerca del fascinante mundo de la tecnología!

¿Cómo lo escribo?

¿Te has preguntado alguna vez por qué los nombres asociados a la tecnología, como iPod o eBay se escriben de esa manera? En realidad, eso tiene que ver con una regla de programación que se ha transferido a otros ámbitos de la vida cotidiana como, por ejemplo, en los nombres de las grandes marcas. Esta convención se conoce como *camelCase* o «letra de caja camello» (por la «joroba» en el medio) y se usa en lenguajes como Java. Otro ejemplo es la notación *snake_case*, que es más fácil de leer entre líneas en código, pero no se usa demasiado en otras situaciones. Su nombre, por supuesto, tiene que ver con la apariencia de largas tiras de palabras unidas entre sí, como una serpiente (o *snake,* en inglés).

La hora del té

Si te gusta jugar a encontrar objetos escondidos en películas, la próxima vez busca una «tetera de Utah», que fue el primer objeto complejo realista que se usó en los gráficos por computadora y aparece en todo tipo de juegos y películas, como *Toy Story, Los Simpsons* y *Los Sims 2*. Esta idea surgió en 1975, cuando el diseñador radicado en Utah Martin Newell necesitaba dibujar un objeto que fuera sólido, redondeado y con un agujero en el medio, por lo que pensó en ¡su tetera! Entonces, creó un modelo de la tetera en su computadora que, con el tiempo, se convirtió en una curiosidad de la industria: incluir este objeto 3D en animaciones. De hecho, Pixar creó una tetera de juguete con patas en 1997 para promocionar el nuevo *software* de animación.

TOMANDO EL CONTROL

Una computadora de uso general necesita para funcionar correctamente un *software* especial, llamado *sistema operativo* que ejecute todos los programas y aplicaciones, controle los dispositivos de salida (como la impresora) y reconozca los dispositivos de entrada (como el teclado). Además, el sistema operativo tiene un registro de los archivos y directorios que están almacenados en los discos. Los teléfonos celulares también funcionan con sistemas operativos, por ejemplo, Apple cuenta con el sistema iOS, mientras que Google usa Android.

Ventanas al mundo

Algunas computadoras de uso personal y otras que son compatibles con IBM (sobre todo, las supercomputadoras y aquellas que manejan el mercado bursátil), funcionan con el sistema operativo Linux. Sin embargo, el sistema operativo más común con el que funcionan las computadoras es Windows, que fue creado en 1985 para reemplazar a MS-DOS. Así, en lugar de tipear órdenes para la computadora, Windows 1.0 les permitió a los usuarios navegar haciendo clic en «ventanas». Después de varias actualizaciones y cambios en el diseño, en 2001 apareció la versión Windows XP, que fue uno de los productos más vendidos de Microsoft. Sin embargo, esta versión del sistema fue completamente rediseñada en 2012 para la interfaz Metro de Windows 8, con la intención de competir con celulares y tabletas. Lamentablemente, esta versión era difícil de usar y estos problemas no se solucionaron hasta 2015, con la llegada de Windows 10, que fue instalado en más de 800 millones de computadoras, por lo que Windows se convirtió en el sistema operativo elegido por el 87% de los usuarios del mundo.

Del otro lado

La competencia de Windows es el sistema operativo Mac para las computadoras de Apple, que si bien no domina el mercado, tiene muchos seguidores fieles. El primer sistema operativo de Mac fue el llamado *Classic*, de 1984, que luego fue comercializado como *Mac OS* en 1996. Si bien era fácil de usar, tenía ciertas limitaciones. Finalmente, luego de nueve versiones de Classic, Apple presentó su reluciente nueva versión en 2001, llamada Mac OS X, con la clave «Cheetah». Las versiones posteriores también tomaron el nombre de otros felinos, hasta que en 2012 cambiaron a referentes geográficos, como «Yosemite», «Mojave» y «Catalina» en California, donde se encuentra la compañía Apple.

Mac OS X Snow Leopard

AL FINAL

Las últimas letras al final de la dirección de un sitio web indican el nombre del dominio, y fueron inventadas por la informática Elizabeth Feinler en 1985, cuando Internet estaba en expansión. Estas letras identifican el sitio web y nos brindan información acerca del lugar del cual proviene, o sobre qué se trata. Por ejemplo, «.gov» es un sitio del gobierno y «.hk» se refiere a Hong Kong, mientras que los sitios que terminan en «.org» son organizaciones sin fines de lucro y los terminados en «.com» son comerciales.

Superventa

Al ver que Internet crecía con gran rapidez hacia 1990, varias empresas vieron esta expansión como una oportunidad para incrementar sus ganancias vendiendo sus productos y servicios en línea, por lo que invirtieron millones de dólares en publicidad. Por ejemplo, en enero del año 2000, durante el *Super Bowl XXXIV* aparecieron 14 avisos publicitarios de compañías comerciales (.com), a un precio de 2,2 millones de dólares cada uno. Así, con un total de 21 avisos diferentes (casi un quinto de los espacios disponibles) se llegó a la suma de 44 millones de dólares de ingresos publicitarios.

Mala suerte para *Boo*

El éxito en línea atrajo el interés de los corredores de bolsa, que buscaban invertir en estas compañías «.com» de rápido crecimiento. El gran flujo de inversiones que se generó se conocía como la *burbuja puntocom* que, lamentablemente, se «reventó» en el año 2000 cuando se acabó el dinero, lo que causó un gran impacto en la economía en línea. Las diez empresas más perjudicadas llegaron a perder 2,7 mil millones de dólares, por ejemplo, la empresa *Boo.com* perdió alrededor de 130 millones de dólares en poco más de un año, cuando había invertido 25 millones de dólares en *marketing* antes de lanzarse al mercado, según declaró su asistente virtual, Miss Boo.

97

TU LUGAR EN EL MUNDO

El sistema de navegación satelital que se utiliza en autos y teléfonos se basa en el primer satélite espacial, llamado *Sputnik I* (ver página 36). El sistema de posicionamiento global (GPS) desarrollado para la Armada estadounidense bajo el nombre de *NAVSTAR* en los años setenta usa 24 satélites que giran en torno a la Tierra para rastrear tu ubicación y está disponible para el público desde 1994.

Así funciona

Un receptor de GPS detecta la señal que llega de un número de satélites y, por medio de un proceso llamado *trilateración,* calcula tu ubicación. Este receptor, además, repite este proceso con gran rapidez para ajustar tu ubicación e indicarte el camino mientras te vas moviendo. Tu sistema de navegación será más o menos preciso según la cantidad de satélites a los que tenga acceso, por ejemplo, necesita cuatro satélites para calcular dónde estás, pero si cuenta con seis, puede determinar tu ubicación dentro de 20 metros a la redonda, mientras que, con 10 o 12 satélites, su precisión aumenta aún más.

Siguiendo el rastro

Además de navegar, los GPS modernos pueden hacer muchas otras cosas, por ejemplo, seguir el rastro de paquetes o cosas que han sido robadas, además de informarle a los supermercados dónde estás y qué estás comprando. Por otra parte, los granjeros utilizan el GPS para saber qué áreas de sus cultivos necesitan más fertilizante, mientras que los guardavidas lo utilizan para detectar tiburones y otros animales marinos. Además, los GPS sirven para guiar a las personas con disminución visual y para encontrar niños perdidos. Como si fuera poco, existen zapatos con rastreadores GPS para localizar a personas vulnerables si se pierden (por ejemplo, personas que sufren de demencia).

Usted está aquí

Los sistemas de navegación satelital usan el GPS para guiarte en el recorrido de un punto a otro calculando el mejor camino por medio de la lógica difusa (ver página 65). De esta manera, varios de estos sistemas pueden ayudarte en embotellamientos de tránsito, ya que obtienen información de cámaras de velocidad y otros teléfonos y sistemas para calcular la velocidad en las rutas. Además, puedes utilizar tu sistema de navegación satelital para encontrar el restaurante o el cajero automático más cercano, para controlar la velocidad, obtener un informe del clima o aprender cómo tomar un desvío para admirar un paisaje.

Jugando con el GPS

Además, el GPS te permite jugar en tu teléfono móvil o receptor de navegación satelital. Por ejemplo, el *Geocaching* es una especie de búsqueda del tesoro de cajas que están escondidas en puntos de referencia, edificios y puentes, o en puntos de la naturaleza, como piedras o árboles, e incluso hay una en… ¡la Estación Espacial Internacional! (ver página 92). Otro juego famoso de realidad aumentada (ver página 124) es *Pokémon Go*, que usa el sistema GPS en un teléfono móvil para posicionarte en el lugar correcto para encontrar, atrapar y luchar contra otras criaturas. Este juego, que apareció en 2016, fue descargado más de mil millones de veces, por lo que ha sido reconocido como el mejor juego para celulares en varios eventos de videojuegos.

REDES SOCIALES

Internet pone en contacto a millones de personas alrededor del mundo. Para conectarse, existen sitios como Facebook, Instagram, Twitter y Snapchat, mientras que otros fueron diseñados especialmente para redes de negocios, como LinkedIn. Estas redes permiten que sus usuarios se comuniquen a gran escala, es decir, con cientos o miles de seguidores, en lugar de solo enviarse mensajes o imágenes con una sola persona.

Comprimirse para ser grande

Las redes sociales tal como las conocemos hoy no existirían si no fuera por el *software* para comprimir archivos, que nos permite compartir imágenes y videos que, de otra manera, serían demasiado pesados para enviar. Las primeras redes sociales aparecieron en los años noventa, pero no fue hasta la siguiente década que se volvieron sumamente populares. Una de las redes más famosas es Facebook, que fue el primer sitio en llegar a mil millones de usuarios y, en 2019, varios blogs, redes de negocios, redes sociales y sitios de mensajería como Snapchat, llegaron al 45% de usuarios en el mundo (el 70% de los cuales son de Asia oriental y Norteamérica).

La unión hace la fuerza

Las redes sociales conectan personas con amigos y conocidos, pero también con desconocidos. Esto no resulta para nada extraño si es por los motivos indicados, por ejemplo, para compartir una investigación o contactos de negocios. Tal es el caso de un estudiante doctoral en Nigeria, que se contactó con un científico italiano por medio de ResearchGate (una red académica gratuita) en 2011. Esto les permitió trabajar juntos en un proyecto y compartir sus conocimientos sin conocerse personalmente.

Lo que diga la mayoría

Facebook (que próximamente cambiará su nombre a META) fue creado en 2004 por un estudiante de informática de Harvard llamado Mark Zuckerberg. Al principio, esta red estaba solo disponible para los estudiantes de Harvard, pero se expandió rápidamente con la ayuda de algunos amigos y colegas de Zuckerberg, y llegó a otras universidades, luego a empresas y, finalmente, a cualquier persona mayor de 13 años. A fines de 2019, esta red social estaba valuada en 575 mil millones de dólares y tenía más de 25.000 empleados. Si bien Facebook domina el mercado, le siguen en el *ranking:* YouTube, Whatsapp, Facebook Messenger, Instagram, TikTok, Telegram, Snapchat, Pinterest y Reddit, entre otros.

Volverse viral

Hoy, Internet se usa para hacer compras, buscar información y usar redes sociales, por lo que Facebook es la quinta compañía más grande, detrás de Amazon, Google y dos tiendas chinas. Además, casi todos nosotros leemos las noticias en línea y así es como nos enteramos de lo que sucede en el mundo, pero es importante saber que Internet puede ser mal usada, no solo para diseminar noticias falsas, sino también para enaltecer la imagen de algunas celebridades. Por ejemplo, por medio de otras redes sociales, algunos famosos han incrementado de tal manera el tráfico de datos con sus fotografías que fueron acusados de «romper Internet» debido a la cantidad de veces que compartían y publicaban información.

CONVERSACIONES SOBRE COMPUTADORAS

Para navegar por Internet, necesitamos una amplia variedad de *hardware* y *software*. Por ejemplo, un navegador web es un programa que nos permite buscar y encontrar páginas web, gracias a que cada página tiene una dirección única, conocida como **URL** (*Uniform Resource Locator* o localizador de recursos uniforme). Por otra parte, un servidor web consiste en *software* o *hardware* que almacena información para los sitios web, pero que no puede mostrarla sin la ayuda de un navegador.

¡A explorar!

Si bien el primer navegador fue el *World Wide Web* de Tim Berners-Lee (ver página 66), Internet se volvió aún más popular gracias al navegador Mosaic, que tenía íconos y señaladores que lo hacían fácil y atractivo ante los ojos de los usuarios. Existieron varias aplicaciones para navegar Internet que han sido muy populares, pero las más famosas en el mundo occidental actual son Chrome, Firefox, Safari, Internet Explorer y Opera, mientras que, en oriente (en países como China, India y Pakistán), la favorita es UC Browser. En general, los navegadores web están diseñados con el lenguaje C++ (ver página 45).

Servidor no encontrado

Un servidor ofrece distintos servicios, por ejemplo, existen servidores web, de correo electrónico y de base de datos. Sin embargo, puede suceder que un servidor, debido a la cantidad de tráfico de datos, funcione de forma más lenta o «se caiga» (deje de funcionar) si hay una falla. Algunas grandes compañías tienen una red de servidores conectados entre sí desde el mismo lugar, lo que se conoce como *granja de servidores*, para agilizar las búsquedas por Internet y asistir a los servidores que se caigan. Por ejemplo, la BBC tiene una granja de servidores en el Reino Unido y otra en Nueva York, y separa algunos archivos, por ejemplo, imágenes, para que los servidores funcionen de manera más eficiente.

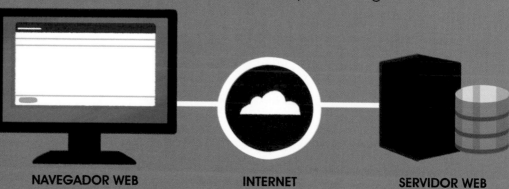

NAVEGADOR WEB   INTERNET   SERVIDOR WEB

YOUTUBE

Si bien ahora forma parte de Google, YouTube fue creado de manera independiente en 2005, por Steve Chen, Chad Hurley y Jawed Karim, quienes trabajaban juntos en PayPal. Hoy por hoy, YouTube ocupa el segundo lugar en el *ranking* de los sitios web y redes sociales más populares del mundo y está valuado en más de 100 mil millones de dólares. Sin embargo, cuando lo vendieron a Google en 2006, sus fundadores apenas ganaron 1,65 mil millones de dólares.

Ver para creer

El primer video que apareció en YouTube fue de uno de sus fundadores en el zoológico, que aún puedes ver si quieres buscarlo. A partir de entonces, fue apareciendo más y más contenido a medida que los nuevos usuarios subían sus propios videos y comentarios. Hoy, puedes registrarte en YouTube para ver videos, transmisiones en vivo, tutoriales, contenidos educativos y hasta películas cortas... y así verás que es muy fácil perder el tiempo mirando videos de gatos, animales que hablan y (aunque no lo creas) personas abriendo paquetes llamado *unboxing* (o desempaquetado). Esta tendencia surgió en el siglo XIX y consiste en personas abriendo paquetes para compartir con sus seguidores el momento de encontrarse con un nuevo producto y mostrarles qué contiene y cómo funciona.

¡Suscríbete ahora!

La mayoría del contenido disponible en YouTube es generado por los usuarios, que pueden ver, calificar y compartir videos, además de crear listas de reproducción, hacer comentarios y suscribirse a sus canales favoritos. Así, los canales mejor calificados por los suscriptores (con más de 30 millones de seguidores) demuestran la gran variedad de contenido que hay en la plataforma, que va desde música de Bollywood producida por la compañía T-Series, videos de lucha libre y de estrellas de la música, como Eminem, Ed Sheeran, Justin Bieber, Ariana Grande y Marshmello. Además, lo que ves depende de tu ubicación geográfica, ya que, en 2007, YouTube comenzó a hacer recomendaciones locales y alrededor de 100 países ya cuentan con su versión propia del canal.

HOGAR, SABIO HOGAR

En 1957, Ken Olsen, el cofundador de la compañía Digital Equipment Corporation hizo algunas declaraciones que se convirtieron en frases célebres, como la famosa «No hay ningún motivo para que una persona quiera tener una computadora en su casa». Con estas palabras, Olsen no se refería a las computadoras personales, sino a las que se instalaban para controlar el hogar. Sin embargo, más de medio siglo más tarde, exactamente ese tipo de tecnología se convirtió en una industria millonaria. Actualmente, existen 3,25 mil millones de dispositivos con asistentes de voz alrededor del mundo y más de la mitad de los hogares de los Estados Unidos están equipados con un dispositivo inteligente.

Alarma programada por 15 minutos.

Un asistente electrónico

El líder de los dispositivos inteligentes en el mercado es Amazon, con sus parlantes Echo y con Alexa, su asistente virtual. Por otro lado, está su rival Google Nest, seguido de HomePod de Apple, que cuenta con Siri como asistente. Estos dispositivos pueden darte un informe del clima, hacerte una broma, responder tus preguntas, pedir comida rápida por ti y hasta aprender tus canciones favoritas. Como si todo eso fuera poco, también pueden organizar tu hogar y controlar otros dispositivos que no tienen los chips inteligentes indicados (ya sea una cafetera o un ventilador eléctrico), si se conectan a un enchufe inteligente.

Un comienzo inteligente

El sistema de automatización del hogar Nest fue creado en 2010 para producir termostatos conectados al wifi, para controlar la calefacción y alarmas de incendio. Con el tiempo, surgieron más objetos inteligentes, como porteros eléctricos, cámaras y cerraduras. Uno de los creadores de Nest, Tony Fadell (quien diseñó el iPod), quería que este sistema fuera más accesible, a diferencia de los anteriores, que eran muy técnicos y complejos. Luego, en 2014, Amazon llegó con Echo y Alexa para cumplir ese deseo, seguido de Google Home, que hoy incorpora a Nest, lanzado al mercado en 2016.

PUERTA PRINCIPAL

A tus órdenes

Todos estos dispositivos funcionan con una forma de inteligencia artificial porque están siempre alertas y a la espera del llamado «que los despierte» y active su sistema de reconocimiento de voz para comprender el pedido y cumplir con su tarea. En realidad, no es el dispositivo el que responde tus preguntas, sino los componentes en su interior, como micrófonos, parlantes y una pequeña computadora. Es decir, quien está a tus órdenes es Internet, que recibe una grabación de tu pedido por medio de la nube y lo procesa, por lo que todos estos dispositivos no funcionarían sin conexión.

Limpieza y ahorro

La idea detrás de un hogar inteligente es lograr que sea más intuitivo, entretenido, eficiente y, sobre todo, más ecológico. Por ejemplo, los termostatos inteligentes se adaptan a tus rutinas y preferencias y calefaccionan tu hogar a bajo consumo. De igual modo, las luces y enchufes inteligentes se encienden y se apagan en horarios configurados para ahorrar energía. También puedes «contratar» robots para barrer los pisos o cortar el césped, que se desplazan por tu hogar usando sensores para evitar obstáculos o cambiar de dirección y luego regresar a una estación de carga una vez que terminan su trabajo.

JUEGOS INALÁMBRICOS

Aunque parezca mentira, Nintendo, la compañía más famosa de videojuegos del mundo, en sus inicios solía vender cartas para juegos de mesa. Luego, gracias al ingenio del diseñador de *software* Shigeru Miyamoto, esta compañía japonesa se lanzó a la fama con los clásicos juegos *Donkey Kong*, *Super Mario Bros.* y *The Legend of Zelda*. Además, Miyamoto es el creador de la consola Wii, Wii Sports, Wii Fit y Wii Music, que transformaron a los videojuegos en un pasatiempo activo, en lugar de estático.

Juguemos todos

A mediados del año 2000, Nintendo luchaba por mantenerse en el mercado con sus competidores. Sin embargo, Miyamoto tenía una idea en mente: expandir el mercado de los videojuegos más allá de los *gamers* expertos y llevar la experiencia al alcance de todos. Finalmente, esto se logró con la Nintendo Wii, lanzada al mercado en 2006 que, a diferencia de la Xbox 360 y la PlayStation 3, funcionaba con tecnología *bluetooth*, con un controlador que estaba conectado a un sensor que se colocaba sobre la pantalla de la TV. Este dispositivo, conocido como *Wii remote*, era como un control remoto capaz de detectar el movimiento en tres dimensiones, de manera tal que los jugadores se paraban delante de la pantalla y sus acciones se traducían en movimientos dentro del juego. Podían boxear, tocar un instrumento, conducir un automóvil o golpear una pelota.

De Wii a Mii

Otra novedad de Wii fue la posibilidad de crear un avatar en la pantalla. Así, diseñar tu propio personaje como más te guste, poder elegir su corte de pelo, vestimenta y rostro era también parte de la diversión del juego. Una vez listo, el avatar, que se llamaba Mii, se convertía en el protagonista del juego y aparecía en los lugares más inesperados: entre los espectadores de un partido de tenis, como miembro de un equipo de béisbol o en los eventos olímpicos junto a Mario y a Sonic.

MÁS INTELIGENTES

Los primeros teléfonos móviles de bolsillo aparecieron en 1973 de la mano de Motorola y hoy se conocen como la *generación cero*. Casi medio siglo después, hemos pasado por las tecnologías 3G, 4G e, incluso, 5G. Esta última surgió a fines de 2019 y fue desarrollada por varias compañías con distribución en China y Corea del Sur. Al igual que las anteriores, esta quinta generación funciona con una red celular, pero a mayor velocidad de transferencia de datos.

Simon dice

El primer *smartphone* tenía pantalla táctil, pero no contaba con un navegador web. El primer prototipo de este teléfono primitivo, que se llamaba *IBM Simon* y fue inventado por Frank Canova, fue presentado en 1992. Si bien contaba con un chip moderno, este teléfono era de mayor tamaño que los *smartphones* de hoy. Además, tenía teclado predictivo, podía enviar *e-mails* y faxes y tenía aplicaciones cargadas, como calculadora, bloc de notas, calendario y libreta de direcciones. En ese entonces, IBM Simon costaba entre 600 y 1100 dólares, que es lo que hoy pagamos por un teléfono moderno. Lamentablemente, su batería duraba alrededor de una hora cargada.

¿Quién es el más inteligente?

La ola tecnológica de 3G se desató en 2003 con la popularidad de los *smartphones*. Tal como lo predijo la ley de Moore (ver página 49), los microchips eran cada vez más pequeños y poderosos, lo que hizo que los teléfonos sean más rápidos y de menor tamaño. En 2004, Nokia presentó el modelo 7710, el primero con pantalla táctil, mientras que Apple lanzó al mercado su primer iPhone en 2007. A partir de 2020, los líderes del mercado fueron Apple y Samsung, con el 18% de las ventas. Lo cierto es que en un mundo con 7,8 mil millones de habitantes, 5 mil millones de ellos tienen un teléfono móvil (y alrededor de la mitad de ellos son *smartphones*), pero, curiosamente, solo menos de 3 mil millones de personas tienen acceso a un inodoro con agua corriente… ¡Qué extraño es el mundo de la tecnología!

CUANDO ALGO ANDA MAL

Las computadoras resuelven muchas tareas con rapidez y facilidad y, además, son muy entretenidas… hasta que algo sale mal. En algunas ocasiones, puede surgir una falla en la programación que hace que una computadora funcione mal, pero también puede suceder que algunas personas hagan circular virus informáticos intencionalmente. La «piratería informática» puede practicarse por distintas razones, como para arruinar sistemas, robar información o poner a prueba los sistemas de seguridad de una computadora.

Blancos y negros

Los programas perjudiciales para los sistemas se conocen como *malware*, y son diseminados intencionalmente entre distintas redes por «piratas» o «delincuentes» informáticos, conocidos como *hackers* o «sombreros negros». Sin embargo, también existen los «sombreros blancos», que se entrometen en los sistemas con buenas intenciones, por ejemplo, para probar qué tan vulnerables son y para protegerlos de futuros ataques. Los *hackers* pueden invadir una computadora conectada a Internet y convertirla en un «zombi» sin que nadie lo note. El objetivo es que la computadora envíe correos electrónicos «basura» o *spam,* de manera anónima. Así, se forma un *botnet*, es decir, una red de equipos informáticos que han sido infectados con *malware* que permiten ser controlados de manera remota por un *bot herder* (creador de un *botnet*) obedeciendo sus órdenes ilegales para destruir un sitio web, por ejemplo.

La pandilla del *malware*

El *malware* puede adoptar distintas formas. Por ejemplo, un «troyano» o «caballo de Troya» es un archivo de apariencia inofensiva que causa grandes daños al abrirse, mientras que los «gusanos» son virus que se replican en todas las computadoras de una red; se adjuntan a un programa y luego infectan a otros programas y destruyen archivos. Otro tipo es el *phishing*, un método fraudulento para engañar a las personas para que compartan información privada, como sus datos bancarios. A menudo, el *phishing* llega en forma de *e-mails* que parecen provenir de una organización reconocida, o en forma de *spyware* (un tipo de *malware* que intenta mantenerse oculto mientras registra información en secreto).

EN LA PALMA DE LA MANO

Antes de los *smartphones*, existían los PDA (*Personal Digital Assistant* o asistente digital personal), que eran pequeñas computadoras portátiles que se usaban mayormente para los negocios, revisar los *e-mails* y como una agenda o calculadora. Algunas de estas, como el modelo de Blackberry, tenían un pequeño teclado, mientras que, otros, como el Palm Pilot y el Newton MessagePad de Apple contaban con pantalla táctil. Estos dispositivos fueron los que, con el tiempo, se convirtieron en los *smartphones* y tabletas que usamos hoy.

Como un libro

En 2004, Gregg Zehr, el vicepresidente del departamento de ingeniería de *hardware* que creó el asistente digital Palm Pilot, inició una nueva compañía llamada *Amazon Lab126*. Tiempo después, el gerente de Amazon, Jeff Bezos, le pidió a Zehr que diseñara un dispositivo para leer libros digitales almacenados en su memoria. Así, el primer dispositivo de Amazon, llamado *Kindle*, fue presentado en 2007 y vendió más de 3 millones de copias en dos años, lo que hizo a su creador conocido como «el padre de los *e-book readers* (o de los lectores de libros electrónicos)». Hoy, existen otros *e-readers* similares, como el Nook y el Kobo, que tienen miles de libros, revistas y periódicos descargados y almacenados para leer cuando desees.

Tableta para llevar

Un *e-reader* es muy similar a una tableta, pero con menos funciones. Por ejemplo, varios solo tienen pantalla en blanco y negro, que facilita la lectura y consume mucha menos batería. Por el contrario, una tableta tiene una pantalla que se actualiza más rápido, ideal para juegos y videos. La más famosa es el modelo iPad de Apple, lanzado al mercado en 2010, y la de Lab126, llamada *Kindle Fire*, en 2011. Las tabletas cumplen casi la misma función que una computadora personal, pero están diseñadas para ser portátiles, aunque existen algunas más resistentes que fueron creadas especialmente para soportar el mal clima o golpes fuertes, para sitios llenos de polvo como obras en construcción o talleres mecánicos.

TECNOLOGÍA DE PANTALLA TÁCTIL

Las tabletas y los *smartphones* no funcionarían si no fuera por la tecnología de pantalla táctil, que representó una gran innovación. Hay dos tipos de pantalla táctil, por un lado, las capacitivas fueron las primeras que se diseñaron para controlar el tráfico de aire y, por el otro, más tarde, llegaron las pantallas resistivas, inventadas por G. Samuel Hurst y su grupo de investigación en 1970. Gracias a la popularidad en aumento de los *smartphones*, las pantallas capacitivas volvieron a usarse en el siglo XIX.

Lista para jugar

Las pantallas resistivas son las que se doblan apenas al presionarlas y están formadas por dos capas eléctricas conductivas, una cerca de la otra, de manera tal que, al presionar la capa superior, entra en contacto con la inferior y cambia la corriente eléctrica. Por su parte, el *software* usa esos cambios para identificar dónde se ha presionado y qué acción se requiere. Estas pantallas se pueden usar con un lápiz óptico, para manejarlas con más precisión, sobre todo para escribir y para jugar. Por ejemplo, la consola portátil Nintendo DS, creada en 2004, tiene una pantalla resistiva en la parte inferior.

PIDA SU ORDEN AQUÍ

En pantalla

Las pantallas resistivas son de uso comercial o para pedir comida, mirar películas en los aviones, retirar dinero de cajeros automáticos o registrar tu automóvil cuando abonas el estacionamiento. Estas pantallas son más fuertes que las de las tabletas y puedes usarlas aún con guantes y bajo la lluvia, a diferencia de las pantallas capacitivas. Además, su fabricación es más sencilla y menos costosa.

En la punta de tus dedos

Las tabletas y los *smartphones*, por lo general, funcionan con la tecnología capacitiva, que es más sofisticada. En este caso, las pantallas no trabajan con presión, sino con la carga eléctrica que se genera en la piel. Debajo de la capa superior, hay una red de cables extremadamente finos que, cuando se toca la pantalla, crean un flujo de corriente que envía la orden indicada al *software* del dispositivo para cumplirla. Estos dispositivos no funcionan si usas guantes, a menos que tengan un parche especial con cables para tecnología táctil en la punta del dedo.

Multi-touch

Las pantallas capacitivas evolucionaron a otro tipo de pantallas, con tecnología *multi-touch* (multitáctil), que tienen más de un punto de contacto. Este tipo de tecnología, desarrollada durante los años setenta, se hizo conocida gracias a que Apple la usó para el modelo del iPhone de 2007. Sin embargo, el primer producto comercial con este tipo de pantalla fue el JazzMutant Lemur, un dispositivo de entrada (ver página 40) para controlar accesorios musicales, en el que se podían usar los diez dedos para manipular consolas mezcladoras, sintetizadores y equipos de video. Por otro lado, el Apple Watch, diseñado en 2015, cuenta con una pantalla sensible a la presión del tacto, con varias opciones, además de arrastrar y tocar.

¿LISTOS PARA UNA ACTUALIZACIÓN?

¿Te has preguntado alguna vez qué significan los números que las compañías de tecnología utilizan para definir a sus nuevos productos y actualizaciones? Estos números, conocidos como *números de versión* identifican el nivel de desarrollo del *software* (por ejemplo, *Windows 3.11*, *Firefox 2.0* o *macOS 10.15*). Si quieres estar al día, solo tienes que estar atento a los mensajes, pues tu dispositivo te indicará cuándo hay una nueva versión disponible para que la instales y tengas acceso a las últimas funciones, actualizaciones de seguridad y corrección de errores.

Cómo funcionan las versiones

Antes de que el *software* salga al mercado, se lo identifica con un número que comienza en cero y, a medida que el prototipo es mejorado y avanzan las etapas de producción, los números pasan de 0.1 a 0.2, y así sucesivamente. Luego, cuando el *software* es presentado al público, lleva el número 1.0 en su nombre, que puede ir avanzando a 1.1 o 1.2 a medida que se reparan las fallas que puedan surgir, pero la versión no cambiará hasta que no surja un ajuste muy significativo. Recuerda siempre que es importante actualizar el *software*, no solo para reparar fallas en el sistema y para que tu dispositivo funcione mejor, sino también para evitar que los *hackers* se entrometan.

Un ejemplo de cómo funciona

¡Mira esta nueva Vegeburger 0.4! ¡Mmm, deliciosa! O no, espera… no está lista aún para salir a la venta, pero la Vegeburger 1.0 es mucho más sabrosa y sí está lista para el mercado… Así, algunas mejoras dan como resultado las Vegeburgers 1.2 y 1.3, ¡cada vez más deliciosas! Sin embargo, un estudio de mercado revela que las personas prefieren papas con su Vegeburger, entonces, se anuncia la creación de la Vegeburger 2.0, hasta que aparece una hamburguesa aún mejor, entonces surge la versión 2.3 de la Vegeburger, ¡una experiencia única en tu paladar!… hasta que llegue la próxima mejora.

DENTRO DE UN *SMARTPHONE*

¿Qué es lo que hace que tu teléfono vibre cuando recibes un mensaje? ¿Por qué la batería es tan delgada? ¿Cuántas cámaras se necesitan? ¿Cómo hace tu teléfono para marcar el camino que debes seguir? Para responder estas preguntas, echemos un vistazo al interior de tu *smartphone*, sin causar ningún daño...

Partes vitales

La duración de la batería siempre ha sido un problema para los *smartphones*, ya que puede consumirse muy rápido al ver o grabar videos, escuchar música, entre otros. Los teléfonos modernos tienen baterías de ion de litio, que ocupan menos espacio, no necesitan cargarse muy seguido y, en general, duran más tiempo. Por otro lado, escondido en el interior de tu teléfono, se encuentra el SoC, o sistema en un chip, es decir, un pequeño chip que combina varias partes: el microprocesador, el sistema operativo, la gráfica, el reloj, el *software* y las memorias RAM y ROM.

En la fotografía

Además, tu teléfono contiene sensores para varios propósitos. Por ejemplo, uno detecta hacia dónde mira el teléfono para cambiar la pantalla a retrato o paisaje, mientras que otro bloquea la pantalla si la acercas a tu oído (además del sensor de luz y el de ubicación). Por otro lado, un pequeño motor es lo que hace vibrar a tu teléfono y, en cuanto a las cámaras, si bien solo se necesitan dos, algunos *smartphones* tienen hasta seis, una o dos frontales para las *selfies* y una, dos, tres o ¡cuatro! para las traseras. Mientras más cámaras tengas, mejor se verán tus fotografías.

SANO Y SALVO

Sabemos que es importante mantener segura tu identidad en línea para evitar que otros cometan crímenes en tu nombre pero, entonces, ¿cómo hacen las grandes compañías tecnológicas para protegernos de todo eso? Una manera de estar seguros es registrarnos con claves y contraseñas, o usar la tecnología de reconocimiento táctil o facial, para no tener que recordar tantos códigos complejos… a menos que tu contraseña sea 123456 (que es la más común, seguida por la palabra *contraseña*, usada como clave en sí misma)… icon razón las adivinan los *hackers*!

El toque personal

La tecnología *Touch ID*, o de reconocimiento de huellas dactilares, la implementó por primera vez Apple en 2013 en su iPhone 5S, en el que los usuarios pueden desbloquear la pantalla con tal solo mantener presionado el botón de inicio con su pulgar previamente escaneado. Además, este sistema también se usa para aprobar compras de aplicaciones, juegos o música. Si observas con detenimiento, verás que el botón de inicio está rodeado por un aro de metal, que es quien alerta al sensor interno para que escanee tu huella y busque la coincidencia con la que está almacenada en el chip.

El secreto está en los ojos

La tecnología *Touch ID* funciona porque cada persona tiene una huella digital diferente, al igual que el iris de los ojos (el círculo que rodea la pupila), que también sirve para identificar a alguien. Así, en 2015, Microsoft presentó sus primeros celulares con Windows, los modelos 950 y 950XL, que usaban el método de reconocimiento del iris como forma de identificación. Mientras tanto, Samsung también aplicó esa tecnología en su mejor versión del modelo Galaxy Note 7, lanzado al mercado en 2016. Para funcionar, estos teléfonos tenían una cámara infrarroja frontal para tomar imágenes en luz tenue, más otra cámara para fotografiar el ojo. Si bien parece salido de un cuento de ciencia ficción, ¡todo esto es real!

RASPBERRY PI

En 2006, los miembros de Twitter comenzaron a tuitear, *Google* apareció en el diccionario y Facebook llegaba a los 12 millones de usuarios. Al mismo tiempo, la red mundial seguía creciendo y el ingeniero británico Eben Upton soñaba con que llegara a todas las personas del mundo. Además, quería que la industria informática estuviera al alcance de todos y que pudieran estudiar informática como una carrera.

El deseo de aprender

El deseo de Upton tenía que ver con su propia experiencia escolar, en la que tuvo la oportunidad de aprender informática en un aula equipada con varias computadoras Acorn de la BBC (ver página 42). Sin embargo, como estos equipos eran muy costosos, los estudiantes debían compartirlos o solo mirar mientras otros los usaban sin poder aprender a manejarlos. Por ello, Upton quería crear una computadora de alta definición con una placa única, para que todos tuvieran acceso a la informática en escuelas y hogares a un costo más bajo.

La humilde Pi

Así fue como, Upton (con la ayuda de otros científicos informáticos) presentó su nuevo producto, la computadora Raspberry Pi en 2012, que costaba solo 35 dólares, ni la décima parte del precio de una Acorn. Esta computadora, que era del tamaño de un naipe, si bien no tenía monitor, teclado ni *mouse*, podía hacer casi lo mismo que una PC, desde procesar textos y jugar hasta navegar en la web y, además, les permitía a los usuarios aprender a programar en lenguajes como Python y Scratch. La Raspberry Pi estuvo a la venta hasta el final de la década. En total, se vendieron 19 millones de unidades en todo el mundo.

A LA MODA

Si crees que los *smartphones* son inteligentes, geniales y están a la moda, entonces prepárate para descubrir la nueva generación en tecnología: los *wearables* (dispositivos tecnológicos que puedes vestir). Aunque resulte increíble, todo tipo de prendas y accesorios pueden conectarse a un sensor y a tu celular para mantenerte informado y al día en tus redes sociales, además de ayudarte a controlar tus horas de sueño y la cantidad de ejercicio que haces.

En movimiento

Un *smartwatch* es la extensión de un *smartphone* que llevas en tu muñeca. Por ejemplo, el Apple Watch, lanzado al mercado en 2015, es líder en ventas, aunque su equivalente de Android, el Wear OS (que incluye una amplia variedad de relojes) ya existía desde hacía un año. Estos *smartwatches* pueden usarse para hacer llamadas, enviar mensajes de texto y seguir el ritmo de tu entrenamiento, aunque existen otros *wearables* más adecuados para los aficionados al deporte, como el Fitbit (que controla los latidos, los pasos, las calorías que se queman y las horas de sueño) y otros relojes deportivos, como el Garmin, que tienen GPS para seguir los pasos de tu entrenamiento más de cerca.

Vestida para la ocasión

Este tipo de dispositivos no solo se lleva en la muñeca. Por ejemplo, los amantes del yoga pueden usar calzas inteligentes que indican cómo mejorar las posturas. La estudiante de moda británica Georgie Davies diseñó un vestido con tecnología *bluetooth* que se puede conectar al *smartphone* de quien lo vista y, entonces, cuando entra una llamada, se encienden unas tiras transparentes en el vestido. Otras prendas a la moda de alta tecnología son los vestidos y bolsos de CuteCircuit, que muestran tuits en luces LED, y una chaqueta con diseños también en LED, que se puede controlar con tecnología *bluetooth* por medio de una aplicación del celular.

COMO SI FUERA REAL

¿Tienes una identidad virtual? Un avatar es la representación gráfica que simboliza a un usuario en entornos digitales, como en foros o videojuegos. Por ejemplo, estos personajes aparecen en comunidades en línea, como en *Los Sims Online* o en los videojuegos de rol multijugador masivos en línea (MMORPG), tales como *World of Warcraft*.

Este soy yo

Los avatares más simples son pequeñas imágenes que se usan en debates en línea y en redes sociales, en los que cada persona escoge su imagen, que puede ser una fotografía o un dibujo animado, como un animal o superhéroe. En cambio, en los videojuegos, se crean personajes más complejos, con movimiento, que se desplazan por el paisaje y representan al jugador. Estos avatares se pueden cambiar y personalizar según las preferencias de los usuarios y, además, tienen un inventario de objetos recolectados en el juego, como herramientas, alimentos y armas.

Modelos de internet

Existen otro tipo de avatares que se crean como *influencers* en redes sociales, que no son personas reales. Por ejemplo, Lil Miquela es una persona virtual que tiene su propia cuenta de Instagram, que usa para apoyar algunas marcas en la industria de la moda. Además, en 2018, en la misma red social apareció una modelo sudafricana, llamada Shudu que, ante la sorpresa de todos, reveló que no se trataba de una persona real, sino de un avatar generado por computadora. Fue creada por el fotógrafo Cameron-James Wilson con un programa llamado *Daz-3D.* La modelo, además de ser glamorosa y dueña de una gran belleza, es muy realista.

A EMPEZAR DE CERO

Si quieres ser programador, debes aprender a escribir en códigos que entiendan las computadoras. Sin embargo, algunos programas son más fáciles de aprender que otros. En 2002, surgió un lenguaje de programación completamente revelador, gratuito y destinado a usuarios jóvenes, diseñado en el Instituto Tecnológico de Massachusetts (MIT), que recibió el nombre de *Scratch*. Tal como lo indica su eslogan, «Imagina, programa y comparte», este programa se creó para que los jóvenes experimenten, reutilicen y hagan circular códigos de programación.

Al ritmo del juego

Scratch permite que los jóvenes aprendan a crear juegos, animaciones, música e historias interactivas sin que tengan que dominar un lenguaje en especial. Funciona con bloques que representan unidades de códigos que se pueden conectar entre sí y, una vez que están ubicados, solo hay que seleccionar la bandera verde para ejecutar el archivo de comando y ver qué sucede. El nombre de este programa proviene del mundo de los DJ, que hacen un remix o «*scratch*» de diferentes pistas musicales para crear su propio ritmo. Hoy, este programa está disponible en más de 70 idiomas y lo usan los jóvenes en las escuelas alrededor del mundo.

Armando las piezas

Cuando trabajas con Scratch, tienes que arrastrar los distintos bloques con comandos hacia el centro y unirlos, y así podrás ver lo que has creado en el «escenario» al costado de la pantalla. Luego, debajo hay un área en la que debes seleccionar un duende, que es el personaje que hará lo que le ordenes y que puedes personalizar y elegir cómo se ve, qué movimientos hace y qué dice (con globos de diálogo). En el otro lado de la pantalla, está el tablero con todos los bloques que puedes elegir, por ejemplo, si uno tiene la forma de una pieza de rompecabezas, significa que tendrás que ubicarlo encima o por debajo de otro bloque.

COLECCIÓN DE *COOKIES*

En los últimos años, los usuarios de Internet se han acostumbrado a ver mensajes de advertencia sobre las *cookies* en los sitios web, que son pequeños archivos que se envían a tu computadora desde el sitio y se almacenan en tu navegador para guardar información que hará que accedas más rápido al mismo sitio la próxima vez que lo visites o sin que tengas que volver a registrarte.

Una advertencia

Algunas *cookies* llevan el control del tiempo que has pasado en un sitio o qué productos has seleccionado. Así, comprar en línea puede ser más fácil y rápido. Además, las *cookies* permiten que las grandes compañías muestren productos similares a los que han vendido para atraer la atención de los compradores en línea. Sin embargo, algunas personas desconfían de las *cookies* y prefieren que sus búsquedas no queden registradas, por lo que todos los sitios web deben preguntarles a sus visitas si quieren aceptarlas y no darlo por sentado.

El filtro burbuja

Mientras navegas por Internet, los sitios web van registrando tus búsquedas y usan algoritmos para mostrarte más contenido relacionado, lo que significa que puedes mirar más videos de gatos o comprar lindos juguetes para tu mascota. Sin embargo, algunos investigadores temen que, si lo que ves está limitado, puedes quedar atrapado en un «filtro de burbuja», que te impedirá mirar el mundo de diferentes maneras e, incluso, hará que dejes de cuestionarte la información que ves en línea y creas en noticias falsas, que se esparcen fácil y rápidamente por la red.

¿QUÉ ES LA IA?

«IA» o inteligencia artificial, es como una computadora que imita los procesos intelectuales del ser humano y tiene que ver con el uso de algoritmos (las reglas programadas que se usan para interpretar información y dar respuesta de manera eficiente). La inteligencia artificial surgió en los años cincuenta, al establecerse como una disciplina académica en la Universidad de Dartmouth, ubicada en Hanover, Nuevo Hampshire, Estados Unidos, con el propósito de lograr que las computadoras lleven a cabo las mismas acciones que los humanos, como razonar, aprender, resolver problemas, reconocer rostros y comprender el lenguaje humano.

¿Quién es quién?

¿Las computadoras pueden reconocer rostros? Joy Buolamwini, una investigadora del MIT y una de las 50 mujeres expertas en tecnología, se ha dedicado a estudiar los sistemas de reconocimiento facial para comprobar qué tan bien pueden distinguir los rostros. Así, Buolamwini descubrió que al *software* le costaba identificar a mujeres de piel oscura, lo que representó un gran problema para la inteligencia artificial y ha originado varias modificaciones. En la actualidad, las grandes compañías usan la tecnología de reconocimiento facial para seleccionar empleados y programan a las computadoras para que revisen las grabaciones de las entrevistas, en las que los aspirantes responden las mismas preguntas y, por medio de algoritmos, comparan sus respuestas con las de otras personas que han resultado muy buenas en sus puestos de trabajo.

Ciclo de aprendizaje

En 2017, Microsoft anunció que ya no continuaría con la producción del sensor Kinect para la Xbox. Sin embargo, este sensor se destinó para otros usos que tienen que ver con la inteligencia artificial, como un sistema de rastreo de cuerpo entero. De esta manera, los sensores de movimiento se han utilizado para reconocer y analizar a las personas, con el objetivo de que las computadoras aprendan a actuar como humanos. Además, Kinect también se usa en el proyecto InnerEye, para identificar células cancerígenas con mucha más rapidez que los médicos humanos.

Hora de jugar

Uno de los usos más importantes de la inteligencia artificial tiene que ver con los videojuegos. Hoy, parece ser una realidad el hecho de que las computadoras puedan aprender a jugar. Por ejemplo, una computadora de IBM participó en el juego televisivo *Jeopardy!* y venció a sus oponentes humanos. Por otro lado, DeepMind, la compañía de inteligencia artificial de Google, creó una computadora que puede participar en videojuegos. Además, desarrolló la computadora AlphaGo (ver página 65) que venció al campeón mundial del juego *go* en 2016.

¿Necesitas un taxi?

En 2009, la compañía Waymo, asociada a DeepMind, comenzó a desarrollar tecnologías, bajo la supervisión del cofundador de Google, Sergey Brin, que permitirían que un automóvil funcione por sí solo. En abril de 2017, el equipo de Brin creó un vehículo robot llamado Stanley y puso a prueba un servicio de taxis sin conductores humanos en Arizona, que funciona por medio de una aplicación para *smartphones* y tiene el propósito de aumentar la seguridad en el tránsito.

Eugene Goostman

Escribe tu pregunta aquí:

Responder

Un juego de imitación

Alan Turing (ver página 19) tenía en mente la inteligencia artificial desde 1948, por lo que propuso una prueba para saber si una computadora podía considerarse inteligente o si era capaz de pensar como un humano. Esta computadora respondía preguntas como en una conversación. Uno de los primeros intentos de pasar esta prueba fue con un *bot* conversacional (un programa que simula mantener una conversación con una persona) llamado Jabberwacky, diseñado por Rollo Carpenter en 2005, hasta que, en 2014, un programa diseñado en Rusia, llamado Eugene Goostman pasó la prueba, aunque muchos dudaban de qué tan creíble era como personaje humano.

ALERTA DE SEGURIDAD

Compartir y enviar información en Internet puede representar un peligro, ya que es muy fácil para los *hackers* intervenir en el proceso y robar datos bancarios, por ejemplo. Por eso, el material que puede estar en peligro debe ser encriptado para mayor seguridad, y una de las mejores maneras de lograrlo es utilizando criptografía de clave pública. De este modo, las computadoras usan estas claves para codificar y decodificar la información.

Números MUY grandes

Las claves consisten en un par de números primos aleatorios, cada uno de los cuales está formado por una larga fila de dígitos. Si bien es sencillo para las computadoras multiplicar estos números y usar la respuesta como un código, es muy difícil, incluso para las computadoras, volver a dividir estos números para obtener los que se usaron y así poder decodificar el mensaje. De hecho, para que un *hacker* descubra un número de 400 dígitos, se necesitan más años que la edad actual del universo.

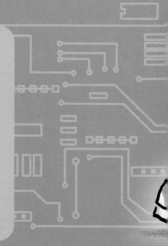

Más rápido de lo que imaginas

Este tipo de encriptación era el más seguro de todos los métodos... hasta ahora, dado que ya existe una computadora tan poderosa como para hacer los cálculos de los números primos en minutos, es decir, una computadora cuántica. La primera de estas computadoras reprogramables apareció en 2016 y, un año más tarde, Michelle Simmons fundó la primera compañía de informática cuántica en Australia, por lo que los informáticos están intentando desarrollar maneras de proteger la información de estas máquinas de alta velocidad.

BITS EN EL CUERPO

En la actualidad, las computadoras nos ayudan a mejorar y resolver varias situaciones, más allá de guardar fotos y hacer la tarea de la escuela. Por ejemplo, uno de los usos más sorprendentes es la fabricación de implantes, agregando microprocesadores para asistir a las personas con problemas físicos, desde discapacidades auditivas hasta la falta de miembros.

Un oído amigo

Las prótesis (partes artificiales del cuerpo) más implementadas alrededor del mundo en la actualidad son los implantes cocleares: un pequeño procesador que se inserta debajo de la piel y envía señales de sonido digital al oído interno, para que pueda funcionar con normalidad y enviar mensajes al cerebro. Así, el implante reemplaza la parte del oído que no funciona bien y hace que la computadora se encargue de hacer el trabajo.

Maravillas de la medicina

Afortunadamente, las prótesis avanzadas de hoy pueden reemplazar rodillas, dedos y manos enteras. Por ejemplo, existen las rodillas controladas por microprocesadores (RCM), que le permiten al paciente caminar en superficies no planas, subir escaleras y andar en bicicleta. En este tipo de prótesis, que puede ser controlada con una aplicación para *smartphones*, el microprocesador maneja el movimiento de la rodilla y le indica cómo ajustarse y adoptar determinadas posturas. Por otra parte, algunos miembros artificiales pueden controlarse por medio de una interfaz cerebro-computadora, en la cual el paciente tiene un chip implantado en el cerebro, que recibe actividad eléctrica y hace que el miembro pueda cumplir distintas funciones, como doblar y extender la rodilla para sentarse o pararse.

REALIDAD AUMENTADA

Mientras que la realidad virtual te transporta a un mundo nuevo, tal vez imaginario, fuera del mundo real, la realidad aumentada coloca elementos digitales en el mundo real. Esta tecnología inédita puede consistir en técnicas de superposición visual, sonidos agregados y vibraciones (conocidas como *retroalimentación táctil*) combinados con sistemas de navegación GPS para trasladarte a todo tipo de escenarios. Uno de los primeros sistemas de realidad aumentada fue diseñado por Louis Rosenberg en 1991.

Un trabajo serio

Para acceder a la realidad aumentada, se pueden usar auriculares o anteojos especiales, con los que el usuario, si bien continúa viendo el mundo real, puede ver otros elementos virtuales agregados. Por ejemplo, con esta tecnología podrías ver lugares turísticos famosos o restaurantes recomendados en una ciudad nueva, así como también recibir algo de ayuda para ubicarte o proyectar un juego de *Minecraft* sobre la mesa en tu propio hogar. Sin embargo, la realidad aumentada también se usa para cuestiones más importantes, como para entrenar a los soldados en la Armada de los Estados Unidos o para asistir a historiadores, arquitectos, artistas y estudiantes de medicina.

Aumenta tu realidad

La realidad aumentada no existe solo dentro de tus auriculares, sino que también puedes usar tu *smartphone* o tableta en una tienda para ubicar muebles digitales en una versión de tu habitación para saber cómo se verían allí, por ejemplo. Además, puedes usar la realidad aumentada en el aeropuerto, para que tu teléfono móvil te guíe a los lugares que necesitas, para comer una hamburguesa o para usar el baño y luego dirigirte a la puerta de embarque. Otra manera interesante de usar esta tecnología inédita sería para explorar el sistema solar o echar un vistazo al pasado desde la comodidad de tu hogar.

CON LA MIRADA EN EL FUTURO

Cuando hablamos de tecnología, es difícil separar la realidad de la ficción, por ejemplo, en un futuro no muy lejano, ¿podremos enchufar nuestros cerebros a la nube del *smartphone*? Posiblemente sí, con nanobots que están siendo desarrollados ahora. ¿Y qué pasará con la inteligencia artificial? ¿Podrán las computadoras reemplazar a las personas en el trabajo? Tal vez, pero se crearán nuevos puestos de trabajo para las etapas de desarrollo. ¿Crees que será posible cargar tu teléfono con energía de las plantas? Sí, eso ya es posible. ¿Con qué más nos sorprenderá el apasionante mundo de la tecnología?

En el aire

Una tendencia actual es hacer que los dispositivos tecnológicos sean más y más pequeños. Por ejemplo, los científicos han desarrollado chips del tamaño de un átomo y dispositivos inalámbricos tan pequeños como un grano de sal. Estos pequeños sistemas microelectromecánicos (SMEM) se conocen como *motas* o *smart dust* (polvo inteligente) y pueden flotar por el aire. Una vez conectados de manera inalámbrica a otro dispositivo, pueden transferir información sobre la presión, la humedad, la aceleración o los sonidos, y se usan para regular todo tipo de actividades, desde los cultivos o el transporte, hasta el rastreo de criminales y el diagnóstico de enfermedades.

A pensar en el planeta

El avance de la tecnología tiene su lado negativo, dado que los recursos del planeta se están acabando y, para fabricar computadoras y otros dispositivos electrónicos se usan metales preciosos. Incluso la tecnología para el medio ambiente usa estos metales, como para fabricar autos híbridos, turbinas de viento y paneles solares. Por eso, las cuatro compañías más importantes de tecnología están pensando en posibilidades para usar fuentes de energía renovables, como invertir en parques eólicos y solares. Si bien esto es muy alentador, porque las grandes compañías suelen actuar más rápido que los gobiernos, aún falta mucho camino por recorrer, ya que cada vez son más los dispositivos que salen al mercado y se incrementa el número de usuarios de Internet, agotando los recursos del planeta con su uso desmedido de electricidad. Esto nos demuestra que el problema ambiental es de todos, no solo de las grandes empresas.

GLOSARIO

Algoritmo: listado de instrucciones para resolver un problema.

Avatar: personaje virtual que representa a una persona.

Binario: sistema de numeración en el que los números son representados utilizando únicamente dos cifras: 0 (cero) y 1 (uno).

Bit: abreviatura de «dígito binario», que representa una unidad de información, almacenada como 0 o 1.

Censo: recuento oficial de la población de un país.

Cliente: computadora personal que se conecta a una computadora remota (servidor).

Criptografía: creación de claves para proteger la información.

Criptología: estudio del almacenamiento y la transferencia de información de manera segura.

Datos: información almacenada en una computadora en una base de datos (como canciones, archivos, juegos).

Digital: sistema que utiliza señales electrónicas para enviar mensajes en código binario.

Dispositivo de entrada: información que ingresa a una computadora.

Dispositivo de salida: información que se muestra en pantalla, que se imprime o sale por el micrófono u otro dispositivo.

Electrónica: tecnología que utiliza electricidad en lugar de partes mecánicas móviles.

Inteligencia artificial: programas que resuelven tareas como el cerebro humano.

Internet: red global de computadoras formada por cables y conexiones inalámbricas.

Lógica booleana: método que utiliza tres valores («sí», «o» y «no») para la toma de decisiones en programación.

Lógica difusa: tipo de razonamiento que considera escalas de valor intermedios entre «verdadero» y «falso».

Nube: red de servidores que almacenan información.

Procesador: parte más importante de la computadora que procesa las instrucciones.

Programa: conjunto de instrucciones que toman información, la analizan y la convierten en un resultado visible.

Programar: escribir instrucciones que la computadora pueda comprender.

Protocolo: acuerdo para manipular información entre una red de computadoras.

Prototipo: primera versión de una máquina.

Semiconductor: capaz de conducir electricidad bajo ciertas condiciones.

Servidor: computadora o programa que almacena información y la provee a otras computadoras.

Spam: correo electrónico o publicaciones no deseados.

World Wide Web: red global de sitios web y otros recursos a la que se accede por medio de Internet.

ÍNDICE

A

Algoritmo   15, 84, 87, 91, 119, 120

Allen, Paul   42, 55

Amazon   81, 87, 101, 104, 109

Apple   55, 60, 64, 67, 68, 69, 71, 80, 87, 96, 104, 107, 109, 111, 114, 116

Armada   28, 53, 71, 98, 124

Astronomía   10, 22, 79

Avatar   85, 106, 117

B

Babbage, Charles   13–15

BASIC   42, 55, 68

Berners-Lee, Tim   66, 78, 89, 102

Binario   12, 19, 20, 21, 38

Bluetooth   57, 94, 106, 116

Bot   108, 121, 125

C

Calculadora   10, 11, 12, 13, 14, 26, 33, 49, 56, 107, 109

Cámara   40, 54, 79, 89, 99, 104, 113, 114

Captura de movimiento   85

Carrera del espacio   23, 36

Censo   16, 28, 33, 40

Circuito integrado   48, 80

Cliente   52, 71, 78, 88

Código   24, 25, 26, 32, 38, 46, 47, 50, 76, 88, 92, 95, 114, 118, 122

Colossus   25, 34

Cookies   119

CPU   34, 35, 80

Comercio electrónico   81

Computadora personal   55, 60, 68, 82, 109

D

Datos   15, 16, 20, 28, 35, 40, 88, 102, 107, 122

Decimal   11, 12, 17

Dispositivos de entrada y salida   29, 34, 40, 41, 74, 96, 111

Dominio   97

E

Eich, Brendan   86

E-mail   43, 108, 109

ENIAC   26, 28, 30, 34

Enigma   24

F

Facebook   74, 81, 87, 100, 101, 115

Fax   18, 107

Fortran   23, 45

G

Gates, Bill   42, 55, 60, 64

Google   50, 51, 65, 73, 81, 87, 96, 101, 103, 104, 115, 121

Gosling James   86

GPS   98, 99, 116, 124

Gráfica   80, 117

GUI   39, 69

H

Hacking   108, 114, 122

Hojas de cálculo   64

HTML   51, 66, 78, 86

Hu Qiheng   81

I

IBM   16, 33, 44, 56, 60, 64, 72, 76, 90, 96, 107, 121

Inalámbrico   41, 94, 106, 125

Intel   48, 49, 56, 79, 80

Inteligencia artificial   19, 29, 32, 57, 65, 105, 120, 121

Internet   17, 36, 43, 50, 51, 53, 62, 66, 72, 78, 81, 86, 88, 89, 94, 96, 97, 100, 101, 102, 105, 108, 115, 117, 119, 122, 125

J

Juegos   41, 52, 61-63, 65, 68, 73-75, 82, 91, 95, 106, 117, 118, 121

L

Ley de Moore   49, 107

Linux   45, 92, 96

Lógica   20, 21, 65, 99

Lovelace, Ada   15

M

Malware 108

Matemática/ Matemático 11, 12, 14, 15, 19, 20, 24, 29, 42

Microchip 31, 44, 48, 49, 80, 93, 107

Microprocesador 49, 77, 80, 93, 113, 123

Microsoft 60, 62, 63, 64, 75, 80, 96, 114, 120

Miyamoto Shigeru 106

Motor de búsqueda 81, 87

MS-DOS 80

N

NASA 23, 39, 74, 79

Navegador web 102

Nintendo 41, 62, 63, 73, 74, 106, 110

P

Page y Brin 87, 121

Pantalla táctil 40, 57, 107, 109, 110, 111, 114.

Pixel 40

Procesador de texto 64, 72

Programación 23, 27, 29, 32, 38, 42, 45, 55, 65, 67, 68, 86, 118

Protocolo 88

Puntocom 97

Q

QWERTY 40

R

RAM 35, 49, 113

Raspberry Pi 115

Realidad aumentada 99, 124

Realidad virtual 74, 75, 84, 124

Red social 81, 100, 101, 117

Robot 58, 90, 105, 121

ROM 35, 113

S

Satélite 36, 88, 94, 98

Scratch 115, 118

Servidor web 78, 88, 102

Silicon Valley 48

Simulación 82, 83

Sistema operativo 60, 80, 92, 96, 113

Smartphone 10, 18, 45, 50, 57, 72, 86, 107, 109, 110, 111, 113, 116, 121, 123, 124

Software 33, 34, 47, 50, 51, 53, 64, 66, 72, 78, 85, 88, 91, 95, 96, 100, 102, 106, 110, 111, 112, 113, 120

T

Tableta 10, 40, 57, 73, 96, 109, 110, 111, 124

Tarjetas perforadas 13, 14, 16, 40

Telescopio 79

Télex 18

Transistor 30, 31, 48, 49, 80

Tubos de vacío 21, 25, 26, 30, 31, 33, 48

Turing, Alan 19, 24, 26, 29, 34, 121

U

URL 102

V

Videojuegos 41, 52, 53, 61, 62, 63, 68, 73, 82, 84, 92, 99, 106, 117, 121

Virus 53, 92, 108

W

Wifi 94, 104

World Wide Web 66, 78, 89, 102

X

Xerox 39, 67, 69, 70

Y

YouTube 50, 87, 91, 103

Z

Zuckerberg, Mark 101

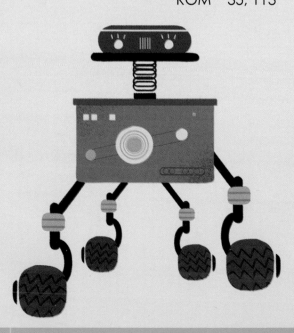